Jo Köhler

Geankert

Grafik: Gudrun Deutsch
Fotos: Cornelia Kolbe

Alle Erlöse aus dem Buch kommen unmittelbar dem Forum-Literaturbüro e.V. www.forum-literatur.de in Hildesheim zugute

Herstellung und Verlag:
BoD – Books on Demand, Norderstedt

ISBN 9783749499342

Jo Köhler

Geankert

bei weitem, bei nahem

LESE Zeichen

HBF-Hildesheim
Auftaktlesung
10. Mai 2019 / 17-19 Uhr

Recitation
Tobias Hieronimi

Moderation

Improvisation Ch. Ratlowkal
Claudia Sonntag

Prof. Guy Stern, OB Ingo Meyer,
Jo Köhler

Publikum

ich könnte
Windes
ertasten
mich nur denen
geben

den Kopf
durch
ie Hände
oder
ns Gemüt
streicht

Ich danke allen, die mich so akzeptieren,
wie ich bin:
besonders meiner Frau Margareta, die mir
zweifellos der Himmel schickt,
was für eine Fügung, was für ein Glück

Ich widme das Buch meiner Enkelin Noemi,
die jetzt noch klein ist,
aber eines fernen Tages vielleicht etwas daraus
ziehen kann

„Auf dem Höhepunkt meiner Klugheit war ich versucht, den Dingen des Lebens, nicht zuletzt auch den eigenen Gedichten meinen Willen und meine Vorstellung aufzudrängen, aufzuzwingen … inzwischen habe ich jedoch gelernt mehr darauf zu achten, was sie mir sagen wollen, sagen können und ihnen gleichsam wie einem scheuen Tier, überall hin bis ins Offene, ins Freie zu folgen.“

Jo Köhler

Inhalt

Brief an den Leser!

Gratulation, dass Sie ein Buch wie dieses überhaupt in die Hand genommen haben.

Ihre ungestüme Lust am eigenständigen Denken, Weiterdenken imponiert mir, im Gegensatz zu vielen anderen Zeitgenossen scheinen Sie weder Berührungsängste noch Scheuklappen zu besitzen.

Es gefällt mir, wie unerschrocken Sie auch die systemischen Fragen unserer Zeit anzuschauen bereit sind. Die Logik unserer Art der Zivilisation und vor allem auch die Logik unseres Wirtschaftens, unseres materiellen Kalküls, das den Menschen zur Ware und soziale Beziehungen zu Geschäftsmodellen degenerieren lässt.

Aber der Mensch ist nicht Mittel zum Zweck, sondern Zweck an sich! sagte schon Immanuel Kant. Die Dinge haben ihren Preis oder sie haben ihre Würde, eins geht nur! ... und das dem Menschen nicht erlaubt sei, seine eigene Würde zu verletzen, da diese etwas Höheres sei.

Das war lange vor der Globalisierung der Märkte und der Digitalisierung der Welt. Lange vor den Tourismusströmen in die eine und den Flüchtlingsbewegungen in die andere

Richtung. Stehen die hochgelobten Werte des Abendlandes tatsächlich für sich oder passen wir sie langsam aber sicher der Logik unserer Angst an?

Der Nobelpreisträger für Wirtschaft im Jahre 2017, Richard Thaler, belegt in seinem Buch „Misbehaving“ sehr eindrucksvoll, dass der Homo Öconomicus, wie er unsere Spezies nennt, alles andere als ein rationales Wesen ist.

Technisch gesehen leben wir als Erdianer, wenn ich unsere globale Nationalität so benennen darf, in einer realgewordenen Utopie. Denn noch nie zuvor verfügte der Mensch über so wunderbare Werkzeuge und technische Hilfsmittel – angefangen von der Erfindung der Waschmaschine, über das Automobil bis zum Roboter für schwere, monotone und gefahrvolle Tätigkeiten – welche ihn von vielen physisch verschleißende Arbeiten entlasten.

Zugleich fühlen sich viele Menschen genau durch diese Automatisierung in ihrer Existenzberechtigung bedroht, da sie den Wert ihres Lebens an dem Wert ihrer Arbeit bemessen. Die Digitalisierung ist deshalb keine technische sondern eine soziale – eine kulturelle Revolution. Es geht um den Begriff der Arbeit und um den Begriff der Identität. Beide müssen neu gefasst, neu erfahren werden.

In einer künftigen Welt geht es um einen anderen Umgang mit den vorhandenen Ressourcen, die jungen global vernetzten Leute spüren das schon lange, nicht nur wegen der Klimafrage (es entzündet sich nur vieles an ihr) und beginnen bereits umzudenken, einer anderen Logik als der Markt-Kapitalistischen zu folgen und damit auch andere

Schwerpunkte – Ziele für ihr Leben zu setzen, sie suchen nicht Wohlstand oder das, was die derzeit Herrschenden dafür halten, sie suchen vor allem Sinn. Es geht ihnen nicht um Profit, sondern um Erfüllung!

Genau an diesem Punkt kommt für mich die Kunst, die Musik, die Poesie ins Spiel. Ein Gedicht kann schon mit der Beschreibung eines scheinbar belanglosen Details etwas viel Weitergehendes zum Ausdruck bringen.

In der Poesie begegnen sich alle Ebenen unseres Daseins! Poesie grenzt nicht aus oder ab, sondern öffnet immer ein Fenster in eine andere Welt, eine Welt, die nach innen gerichtet ist und in der sich selbst die Dinge begegnen können, die sonst am weitesten voneinander entfernt sind.

Poesie ist für mich der flüchtige Moment, in dem sich alles berührt, alles vereint, in dem sich der Geist materialisiert – denken wir an Buchstaben und Papier – und zugleich über das Materialisierte hinauswächst.

„Was ein Gedicht vermitteln kann, ist keine Theorie, keine Denk- oder Weltanschauung, sondern eine ganz eigene Wahrnehmung der Schönheit der Dinge, man könnte auch sagen: ein Vorgeschmack auf die Einheit allen Seins. Und diese findet nur Geltung durch Resonanz, welche sie in einem Bereich der Seele auslöst, der nicht dem Intellekt angehört."

Das Lasso-Gedicht!

Lasso-Gedichte sind die Gedichte, die du wie ein mongolisches Wildpferd einzufangen versuchst. Hier brauchst du viele Anläufe, manchmal über mehrere Tage und Wochen und immer wieder entwischt es dir. In einem Fall habe ich schon mal mehr als sechs Monate gebraucht.

Du folgst ihm, pirscht dich an, kommst ihm ganz nahe, denkst du zumindest, wirfst das Lasso deiner schöpferischen Kraft, deiner Sprachbilder und deiner Wortschmiedekunst und glaubst es endlich zu haben und hast es dann doch nicht.

Im Gegenteil. Du musst sogar mit ansehen, wie du dich mit jeder erdachten Zeile, mit jedem versuchten Satz, jedem neuen Wurf, Entwurf, jeder weiteren Verbesserung immer weiter vom Ziel entfernst, das ist dann bitter!

Dies geschieht, wenn du den Grund des Gedichtes, an dem du arbeitest, verkennst, nicht wahrnehmen, nicht wahrhaben willst. Und dadurch auf der falschen Fährte bist.

Aber du gibst nicht auf. Jetzt schon gar nicht! Du nimmst die Herausforderung an, das ewige Ringen zwischen dem konstruktiven und dem destruktiven Ideal in dir. Es ist ein titanischer Kampf. Aber du bist widerstandsorientiert und je mehr Widerstand du in der Situation spürst, umso mehr Energie bist du wiederum in der Lage einzusetzen.

Du heftest dich an seine Fährte und hoffst, nein du weißt, dass es jetzt die richtige ist, die richtige sein muss. Und jagst ihm nach, über Stock und Stein in der unwegsamen Prärie deiner eigenen Seelenlandschaft, durch Schluchten und Abgründe, gefährliche Steillagen und noch unbekanntes wildes Land.

Und irgendwann, meistens, wenn du dich mit deinem Latein am Ende fühlst, endgültig aufgeben willst, bleibt es überraschend stehen, läuft nicht mehr davon, sondern kommt langsam, fast geflüsterten Schrittes sogar auf dich zu. Dann hast du es!

Frei nach Friedrich Nietzsche könnte man sagen: „Ich war wohl ein zu starker Sucher des Glücks, erst als ich müde wurde, hat es mich eingeholt“

Wohin mit unserer Kultur?

Was ist „freie Kultur“ und wie kann sie sich in Zukunft organisieren, kann und darf sie sich überhaupt organisieren? Ist sie die Kraft des Erhabenen oder die des Anarchischen, Rebellischen?

Der früheste Kulturbegriff „Cultura Animi“ stammt vermutlich von Cicero 100 Jahre vor Christus: er meinte damit das Heranziehen der Seele, die Aufzucht derselben und dachte dabei vor allem an Ackerbau.

Kultur in der heutigen Zeit betrifft aber nicht nur die Künste, sondern alles menschliche Tun, auch administratives Handeln, religiöse Überzeugungen, wirtschaftliche Prinzipien und wissenschaftliches Forschen, zusammengefasst im Grunde alle Nervenzuckungen einer Zivilisation, egal ob sie politisch gewollt oder rein „vegetativ“ sind.

Politik, Wissenschaft und Poesie gehören immer zusammen! Hat schon der preußische Universalgelehrte und Forschungsreisende Alexander von Humboldt vor mehr als 200 Jahren erklärt. Ist die Idee der freien Kultur ein neuer oder eher ein ganz alter Begriff?

Selbst das rockige Lied der Soziokultur, als Teilbegriff der freien Kultur, wirkt inzwischen fast schon ein wenig altbacken, wie ein altes Mofa, das man zur Konfirmation bekommen hat und klar, an das man sich gerne zurückerinnert, aber mit dem man heute nicht mehr verkehren will.

Im öffentlichen Diskurs gehen unzählige Kulturbegriffe durcheinander und dadurch ins Leere, nicht zuletzt, weil viele ihrer Akteure oft resigniert daherkommen. Viele aus der freien Szene tragen noch immer buntgefärbte Haare oder das anarchische Emblem des Underdogs auf ihren zerschlissenen Lederjacken, dabei sind sie inzwischen längst Teil des staatlich subventionierten Kulturbetriebes mit festen institutionellen Zuschüssen.

Gerade weil wir für das weite Feld, auf dem wir uns bewegen, keine bessere Benennung finden, müssen wir den Begriff der „Freien Kultur“ überdenken, erweitern und von dem Staub der Dialektik vergangener Jahre und Jahrzehnte befreien. Dies geht nicht in einem Ruck, sondern nur mit einer kontinuierlichen Debatte als dialogischem Prozess, vor allem auch mit den Künstlern und Kulturschaffenden, die tatsächlich noch immer ohne jede Unterstützung von Seiten der Kulturpolitik überleben müssen.

Die freie oder avantgardistische Kultur in der Vielfalt ihrer Experimente und Akteure ist letztlich institutionell nicht fassbar, ohne in einen programmatischen Widerspruch zu sich selbst zu geraten. Das macht sie ja gerade so faszinierend und gleichzeitig so verletzlich, so angreifbar.

Die Kulturpolitik bei uns in Deutschland ist Ländersache, vor allem kommunale Angelegenheit der Stadt- und Kreisräte vor Ort. Ich behaupte nicht, dass das automatisch schlecht ist. Aber die Kulturstrategien und die Horizonte sind dadurch naturgemäß sehr kleinteilig und was noch schlimmer ist, vor allem mangelorientiert.

Aber Kulturpolitik wird erst dann gelingen, wenn sie scheinbar Überflüssiges möglich macht. Deshalb müssen wir raus aus der Falle des sich Rechnens, raus aus der Falle des kurzatmigen Denkens, raus aus dem oberflächlichen Streben nach Sicht- oder Zählbarem. Als wäre Kulturförderung ein Automat, in den man oben eine Münze einwirft und unten eine bestimmte Ware dafür erhält.

Anstatt den Modebegriff der „Nachhaltigkeit" phrasenhaft zu buchstabieren, müssen wir hin zu neuen Wirkungszusammenhängen.

Vor dem Hintergrund sich dramatisch ändernder Lebens- und Arbeitsbedingungen lohnt es sich, den Begriff der „Wirkung" in den Mittelpunkt der Kulturkonzeption zu stellen, schließlich befinden wir uns bereits inmitten einer technisch-sozialen Revolution, deren Dynamik die Lebenswelten vieler Menschen durcheinanderwirbelt und bis tief in die Tradition kultureller Identität eingreifen wird.

Dieser Prozess ist sogar abgekoppelt von sozialer und ökonomischer Entwicklung, daher die zunehmende Distanz und Entfremdung vieler Bürger zu unserer gegenwärtigen staatlichen Verfasstheit.

Die Furcht vor unkontrollierter Einwanderung aus fremden Kulturkreisen ist für viele sogenannte „Wutbürger“ letztlich nur eine Chiffre für den überhöhten Anpassungs- und Veränderungsdruck, dem sie sich von vielen Seiten schutzlos ausgeliefert sehen.

Zugespitzt könnte man sagen, hätten wir in Deutschland mehr legitimierten Pathos oder Patriotismus, hätten wir über das Gefühl der Zusammengehörigkeit einen Stoßdämpfer mit der Befähigung, auch schwierige Stimmungen in der Bevölkerung aufzufangen.

Die Kultur ist immer das große Wie, die Weise, in der etwas stattfindet, die Syn-Ästhetik oder anders gesagt die Form des Dialogs, in der alle Kräfte des Individuellen und des Gesellschaftlichen zusammenkommen. Zusammenfinden.

Die Menschen suchen für fast alle Lebens- und Zukunftsfragen mehr denn je nicht nur soziale, sondern vor allem auch kulturelle Antworten. Hierin liegt eine riesige Relevanz für jede Zukunft gestaltende Kulturpolitik.

Deshalb erscheint es mir wichtig, die Kultur nicht länger nur innerhalb akademischer Claims, sondern über den eigenen Tellerrand hinauszudenken, vielleicht sogar in völlig neue und ungewohnte Wirkungszusammenhänge hinein.

Oftmals ist es nur eine Frage der Perspektive: von den vielgelobten und vielgescholtenen 68ern beispielsweise wird heute, 50 Jahre danach, vieles als Kunst begriffen, was damals gar nicht als Kunst gemeint war.

Ähnliches gilt für die kulturgesellschaftlichen Bilder – Vorlagen des Altwerdens bis hin zur Trauer- und Bestattungskultur, in der für jede Generation mit dem Tod als Endpunkt die kulturellen Wandlungen sichtbar werden.

Paul McCartney (76), Mick Jagger (75) oder Udo Lindenberg (73) repräsentieren doch kulturell eine völlig neue Spezies alter Männer, als wir diese von früher kannten.

Was bedeutet es für die Trauerkultur, wenn die Beatles-Generation der Tod trifft? Dabei haben wir die Veränderungen in den spirituellen und religiösen Welten der Menschen noch gar nicht berührt oder diskutiert.

Wenn wir Zukunft wirklich gestalten wollen – auch schon wieder so eine Phrase, von der niemand so richtig weiß, was gemeint ist –, brauchen wir dringender denn je einen Perspektivwechsel aller Akteure im Kulturbereich: am meisten bei uns selbst.

Denn bei der Kunst- und Literaturarbeit geht es – zum Zeitpunkt ihres Entstehens – nie um nach innen abgeschottete Claims (diese entstehen erst mit der fixierenden und meist retrospektiven Benennung einer Epoche, einer Gattung oder eines Genres), sondern in ihrer Konsequenz, in ihrer Wirkung und ihrer Tragweite immer um etwas Horizontales, das sich letztlich durch alle zivilisatorischen Bereiche, ja sogar durch alle Phasen und Sprünge der kulturellen Evolution erstreckt.

Spirituell könnte man sagen, die Schöpfung ist nichts Gewesenes, nichts Abschließendes, sondern etwas dauernd Voranschreitendes. Allgegenwärtiges. Sie ist in vollem Gange. Und jede Geschichte ist in die Zukunft gerichtet immer offen.

berufen

am liebsten
durch die Blume

wahrscheinlich
durch alle Blumen
dieser Welt
selbst die
unscheinbarste

manchmal
aber auch
durch einen Esel
oder einen
Affen
warum nicht

und
wenn es gar nicht
anders geht
vielleicht schon
durch
ein fremdes

wie zufälliges
Gesicht
auf der Straße

keine Frage

Gesunken

Gegenüber
der Welt der anderen
treibe ich oft
ratlos
auf dem Ozean
ihrer Mitteilungen

als wären sie
der Rettungsring
oder
eine vom Deck
ihrer Logik
abgerissene Planke
an die
ich mich erst mal
klammere

mein eigenes
wird dann immer
haltloser
unbedeutender

das erstbeste
Missverständnis
genügt

schon

Umleitung

Gebrüstet
mit orange gelben
Warnwesten
schaufeln sie
füllen sie
planieren sie

die Helden
der Arbeit

selbst noch
in strömendem
Regen
den dampfenden
Asphalt

als gehorchten sie
einer geheimen
mythologischen
Sprache

der Sprache
des Feuers und der
Granitwesen

die
uns einen Weg
bahnen
wo sonst
keiner wär

Erfolgsgarantie

Je
wichtiger
dir
eine
Sache
ist,
umso
beiläufiger
alltäglicher
solltest
du
sie
behandeln

Über die Mystik

Oder die Kunst des Unmittelbaren

Sie muss naiv sein wie die Liebe, sie kann und darf gar nicht anders … Je älter ich werde und je klüger, je erfahrener, umso größer ist die Gefahr, dass ich im Herzen eng werde und an Naivität (Offenheit) verliere.
Selig sind die geistig Armen! Sie sind Gott am nächsten. Die offengebliebenen sind die spirituell Begabtesten, von ihnen können wir lernen, wie es geht.
Bevor ich also darüber nachsinne, an welchem Punkt ich in meinem Leben bin, sollte ich erst mal überlegen, in welchem Koordinatensystem ich mich überhaupt aufhalte und welcher Logik ich hier eigentlich folge?

Mystik nenne ich die Erfahrung, den Austausch mit dem Unmittelbaren – im Gebet, in der Meditation, im Schreiben oder wodurch auch immer …

Warum findet die Mystik in den Ritualen unserer Zivilisation keine Andockmöglichkeit mehr? Bei den sogenannten Vernunftmenschen ist jede Form des Wunders oder der mystischen „Erscheinung" verpönt und im wahrsten Sinn des Wortes wegrationalisiert worden.

Die in den Kirchen vorformatierten Priester dagegen bieten mit Weihrauch und Gesang zwar eine Projektionsfläche der Mystifizierung, legen diese jedoch wie „süßen Nektar" aus, um spirituell begabte Menschen (Gläubige) mit mehr oder minder frommen Sprüchen einzufangen und geistige Kontrolle über sie zu erlangen.

Oder ist sie inzwischen Sache der Medien, Sache der Werbeindustrie und der Popkultur geworden, die mit ihrem modischen Design und ihren verführerischen Botschaften den Kirchen den Rang abläuft und ihrerseits attraktive Projektionsflächen für potenzielle Kunden und Rezipienten, für ihre Follower und Zuschauer schafft.

Dialektisch könnte man sagen: die Sehnsucht nach einer individuellen Gotteserfahrung wird durch die jeweiligen Glaubenssätze der herrschenden Logik (Technik, Wissenschaft und Ökonomie) gepresst und kommt am Ende nur noch als eine Art Ware „Smoothie" heraus, der medial überall und jederzeit verfügbar ist.

Der moderne Mensch sehnt sich zwar noch immer, weiß aber nicht mehr, wonach eigentlich ... Er hat sich (ähnlich wie Odysseus bei Zirze) von sich selbst abgelenkt, mit Surrogaten des Marktes und des Konsums.

Trotz allen weltweit verfügbaren Wissens – oder gerade deshalb – hat der Mensch den Kompass verloren und irrt orientierungslos durch das Labyrinth seines Lebens.

Reichweite

Wenn wir
in der Evolution
nur
weit genug
zurückgehen
sind wir
alle miteinander
verwandt

als ginge es
in dem Roman
den wir
gemeinsam
ausleben
von Anfang
bis Ende
um eine Art
Echobeziehung

zum Ursprung
des Universums

Gerettet

Sobald
es
ein Wort
ein Gedicht
oder
ein Gebet
dafür gibt
mit dem
man
es sagen
kann

Wachsende Distanz

dem medial
gewordenen Menschen
ist es wichtig
sich darzustellen

an seinem Profil
an seiner Performance
zu arbeiten
und
nicht an seinen
Gedanken

wichtiger jedenfalls
als irgendetwas anderes
von sich

im echolosen Nichts
dahinter

preiszugeben

Bewährt

Alles
selbst

der klügste
Schachzug in
deiner Laufbahn

das schönste
Bild in
deiner Erinnerung

oder das tiefste
Gefühl in
deinem Herzen

ändert sich
allein
schon dadurch
nur weil es
andauert

solange
es andauert

Online

selbst
wenn er bloß
ein Vogel
den man
gewöhnlich
nicht sah

nur
ein Spatz
ein Buchfink
oder
Zaunkönig

der
mal traurig
mal fröhlich

sein Lied
zu singen
vermöchte

ist ihm
als drohte
ihm nun
eine mediale
Art Diktat

und ließe
ihn
für immer
verstummen

Wallfahrt

die einsame
Kapelle auf dem Berg
der gewundene Pfad
unter Gruß bezeugenden
Bäumen dorthin

die erlösende Aussicht
auf Wiesen und Täler
Berge und Wälder

ein Mann
der mit einem Esel
am Halfter herannaht
was
für ein gefälliges Tier
und gemächlich
vorbeizieht

ist keine Erscheinung
ist wahr

genau wie die
unnachahmliche Stille
sobald die Glocke
Schlag zwölf
wie eine Klangschale
des Himmels
zu tönen beginnt

gefaltet
zumindest im Traum
die Hände – obwohl
eine dunkle Kraft
sie immer wieder
auseinanderzuziehen
versucht

schafft es aber nicht
jetzt nicht mehr

Freibrief

Es kommt gar nicht so sehr darauf an
was im Einzelnen alles geschieht
und warum

ich an dieser Stelle recht habe
und du vielleicht an jener
recht behältst

sondern
dass wir dem anderen

vielleicht sogar schon
bevor was geschieht – bereits
vergeben haben

dass er so ist
wie er ist

Verstummt

trotzdem es sich
so anfühlt
als würden wir
reden

unsere
Worte auseinander
nehmen
und wieder
neu zusammen
setzen

wie Glieder
von einer zerzausten
Puppe

wie Beats
aus unserem Lied
oder
Steine aus einem
alten Tempel

du sagst – du denkst
ein einziger
Funke
könnte alles
zerstören

stimmt
→

warum also nicht
fortfahren
mit dem Glück
des arglosen
Weilen

Verharren
Beharren

als wäre das
die Lösung
ist es ja auch

was
Zuversicht gibt
ist die Illusion von
Beständigkeit

als letztes
Ziel – als von uns
selbst ersonnenes
Spiel

Talkshow

In einer medialen Gesellschaft muss man die Themen immer wieder durchkauen, als wäre es Essen. Sich an jedem Wort, jedem Zitat und Gegenzitat hochziehen. Es in ganz unterschiedliche, am besten gegensätzliche Sichtweisen, Standpunkte aufspalten, bis es der Zuschauer geschluckt hat und es möglichst mit Applaus bedacht werden kann. Auf dass es gefühlsmäßig verdaut und gesellschaftlich verstoffwechselt werden kann.

Schön wär's zumindest!

Integriert

Mehr als nur
ein Schwarzer unter
Weißen

Augen
und ein Gesicht mit
ganz ähnlichen
Ängsten
und Sehnsüchten
wie deine

Mehr als nur
eine Registriernummer
und ein
unaussprechbarer
Name

Vielleicht
der erste von ihnen
den du
dir dennoch
merken
und grüßen
magst

Geistmaterie

Hätte uns die Schöpfung als reine Geistwesen gewollt, hätte sie uns auch als Geistwesen geschaffen. Es muss also einen Sinn machen, warum sie uns eine Physis, Instinkte und Triebe gegeben hat.

Was verdienst du?

Das Wort „Verdienst" (Wie viel verdienst du damit?) suggeriert, dass die Höhe des Lohns in einem angemessenen Verhältnis steht – zu der Bedeutung, welche die Arbeit für einen selbst oder für andere hat. Die Höhe des Geldbetrages, den man dafür erhält, soll eine Entsprechung zur Arbeitsleistung, Wertschöpfung darstellen.

Logischerweise machen wir unser Ansehen und unseren Selbstwert zunehmend an der Höhe des erhaltenen Lohns fest. Menschliche Leistung bekommt einen Preis und wird quantifiziert. Im Umkehrschluss heißt das, wenn ich nicht genug verdiene, verdiene ich es auch nicht anders und bin unwürdig. Von Immanuel Kant, seiner Kritik an der reinen Vernunft, habe ich jedoch gelernt, dass die Dinge entweder ihren Preis oder ihre Würde haben, eins geht nur.

Wer die Sprache hat, hat auch die Gedanken. Und eine andere Sprache ruft hier einen anderen Geist, andere Assoziationen hervor. In der rumänischen Sprache beispielsweise heißt das Wort für „verdienen" wörtlich übersetzt „gewinnen". Ich verdiene mein Geld nicht, sondern ich gewinne es – wie bei einer Lotterie. In der ungarischen Sprache wiederum heißt es wörtlich übersetzt „ich suche mein Einkommen".

In der deutschen Sprache hatten wir früher das schöne Wort „Auskommen“ anstelle von Einkommen. Die Menschen waren vielmehr an dem Auskommen, als an dem Einkommen interessiert. Mit dem schönen Begriff des Auskommens bekäme jede Lohndebatte einen völlig anderen Geist. Denn Auskommen heißt, ich kann von meinem Einkommen auch leben, die Miete bezahlen, den Grundbedarf decken, am sozialen und kulturellen Leben teilnehmen.

Alle gemacht

Als hätte die Politik
jeden Altruismus verloren

Die Wirtschaft
jedes Maß verloren

Das Wissen
jeden Horizont verloren

Die Religion
jede Mystik verloren

Die Medizin
jeden Schamanismus verloren

Das Glück
jede Muße verloren

Die Geschichte
jede Einmaligkeit verloren

Die Sprache
jede Naivität verloren

Und
wir denken, dass das
normal ist

Angekommen

Wenn es dir
durch den Kopf
durch
die Hände
oder
durchs Gemüt
streicht

das
Quäntchen
Zeit
das
Quäntchen
Glück

selbst dann
wenn es
in den Wind
geflüstert
nur noch Luft
ist

und längst
etwas anderes
als du
dachtest
als du
hofftest

Kurs im Wundern

Wenn du willst
dass das Meer sich teilt
musst du auch
einen Fuß
ins kalte Wasser
setzen

es tun

und nicht nur
auf dem Bildschirm
anklicken
bewerten
oder kommentieren

mit
müsste, sollte
hätte

Ziehung

Schon
die Zeugung
verläuft in Schüben

Die Geburt
verläuft in Schüben

Das Aufwachsen
verläuft in Schüben

Das Altwerden
verläuft in Schüben

Jede Krankheit
verläuft in Schüben

Und das Ableben
das Hinüber
gleiten

vermutlich
auch

Ungeachtet

Wenn keiner mehr da ist
der dich anschaut
oder anhört

Und
jede Mitteilung
schieß mich tot
aus systemtechnischen
oder
rechtlichen Gründen
automatisiert
ist

Es also
keine Rolle mehr
spielt
was du eigentlich
wolltest
und schon gar nicht
wer du bist

Dass du überhaupt
wer bist

Patriotisch

Warum
eigentlich noch
nie
aus einer
Idee
der Sanftmut
einem
Gefühl
der Einkehr
einem
Aufbruch
der Zuversicht
einem
Temperament
der Großzügigkeit

und
einem
Universum
der Schönheit
jedes
einzelnen

ganz gleich
wie still
oder
unscheinbar
es ist

Erledigt

Jeden Tag das Leben
wieder neu
gelebt

durchgegangen
durchgemacht

die Jahreszeiten
den Tagnachtwechsel
die Wochenenden
die Feiertage

jeden Tag
als etwas anderer

erwacht
aufgestanden

geschaut
welche Möglichkeiten
welche Hoffnung
es gibt

jeden Tag

gezittert
ob sich daraus
etwas machen lässt

losgelegt
und mit aller Macht
daran
abgearbeitet

nichts
unversucht
gelassen

und dennoch
wie kaum angefangen
abgerissen

Geschenkt

es annehmen
es loslassen
ich weiß
nicht
wie das geht

ich verstehe
das Wort
nicht

ich denke
ich tue es
einfach
versuche es

zumindest

wenn
ich genug
Kraft

oder Muße
dafür
habe

aber wann
ist das
ich
erinnere
mich nicht

Getrennt

Vorher
den Rasen gemäht
und abgeharkt

die Kleider aussortiert
und vor die Tür
gestellt

ein letztes Komma
und einen
letzten Punkt
gesetzt

den Schlüssel
vom Bund genommen
und auf den Tisch
gelegt

als wäre jedes
weitere Bemühen
zwecklos
grundlos

egal was
nun geschehen ist
und warum

Gott weiß

heillos

manchmal
habe ich nur wenig
Mut
zu mir selbst
eigentlich – gar keinen

was soll ich dann
bloß anfangen

am besten
die Dinge laufen lassen
Beten
Blumengießen – egal
Hauptsache
ein Stück zurücktreten
aus mir heraus

vielleicht
auf einen Baum klettern
oder über einen Zaun
steigen

einfach raus
aus den Trugbildern
im Kopf
und in den Beinen

eine andere Richtung
nehmen und
ein kleines bisschen

verrückt werden

Naiv

Manchmal
habe ich
Angst
dass du
dich
wieder
blind
in etwas
hineinstürzt

du
überhaupt
nicht
nachdenkst
nicht
hinschaust
was
auf dich
zukommt
und
worauf du
dich
einlässt

→

andererseits

wie hätten
wir beide
sonst
jemals
zueinander
kommen
und
uns lieben
lernen sollen

können

Erinnerungsstück

Auf den ersten Blick nur ein unauffälliges, schwer definierbares Döschen, aus dem ein kantiger Nippel herausragte, hergestellt von einer Firma, die sonst Stickerei-Maschinen produzierte. Es lag einem durchaus angenehm in der Hand.

Und erinnerte ein bisschen an ein uraltes Modell von einem japanischen Tamagotchi-Spielzeug, nur dass in diesem Kästchen kein virtuelles Küken schlummerte, das seinen Besitzer um Fürsorge anbettelte, sondern lediglich ein solides altes Maßband aus Metall als praktischer Helfer verborgen war. Ein festes und zugleich elastisches Band, das man über mehrere Meter ausziehen konnte und wenn man es losließ, in das Kästchen von allein zurückschnellte.

Es war ihr wichtig, dass es nicht verloren ging, und jedes Mal, wenn ich es gebrauchte, in ordentlichem Zustand zu ihr zurückbrachte.

Mein Junge, du kannst im Leben tun, was immer du willst, achte allerdings immer darauf, dass du Maß hältst! sagte sie mit fast abwesendem Blick auf ihr zurückliegendes Leben.

Und mit „Maß halten" meinte sie nicht etwa den Drang nach Askese, nicht die Angst vor dem Übermaß, sondern genau das Maß, mit dem man seine eigenen Möglichkeiten und Fähigkeiten am besten ausschöpfen und dadurch genießen konnte. Als wäre der einzige Sinn des Lebens, es zu leben.

→

Gerade in den Momenten, wo es schwierig ist. Aber wann ist es mal nicht schwierig? Alle Wege werden früher oder später steinig, abschüssig, im Grunde unpassierbar. Und dann heißt es an den Engpässen wieder neu Maß nehmen.

Auch wenn sie schon lange tot ist, das Maßband bringe ich in Gedanken immer noch zu ihr zurück, wenn ich es nach Gebrauch wieder sorgfältig an seinen Platz lege. Als ginge es in dem Roman meines Lebens, mehr als ich dachte, um eine Art Echobeziehung vom Ursprung meines Universums bis zum Ursprung ihres Universums.

Korrektiv

wie gut
dass da immer
jemand ist
der sich quer
stellt

und Sand
ins Räderwerk
unserer Logik

unseres
vermeintlichen
Verstehens
bläst

Regeneration

Zurückgeblickt
waren
die
Abschnitte
am schönsten
wo
das Leben
eher
langweilig zu sein
schien

ich
mir selbst
noch
etwas vormachen
oder
einfallen
lassen
erfinden
musste

um
dem Gefühl
überschüssiger
magisch
angestauter
und noch
unangetasteter
Kräfte

zu entgehen
zu entkommen

verschont

das einzige
was ich
für dich tun kann
ist
dich in ruhe
zu lassen

besann
sich
der bussard
beim anflug
auf eine erstarrt
dasitzende
feldmaus

oder

war es
der zuständige
sachwalter
in der
sozialbehörde

der
mir diese worte
am ende
eines termins
mit
auf den weg
gab

Ein Lob auf den Müßiggang

Die Sozialdemokratin erklärt in einer Talkshow, dass für jeden Menschen soziale und gesellschaftliche Teilhabe nur über eine Erwerbstätigkeit zustande käme und es deshalb für jeden Mann und vor allem für jede Frau ein Recht auf Arbeit geben müsste.

Warum eigentlich? Warum definieren wir den Wert unseres Daseins so sehr über den Begriff der Arbeit? Erst recht in einer Zeit, in der die Steigerung des Sozialproduktes und des damit einhergehenden Ressourcenverbrauches die natürliche Grundlage unseres Planeten zerstört. Wie können wir da weiter dem Dogma eines Arbeitsbegriffes aus der Frühphase der Industrialisierung anhängen.

Ist es tatsächlich ein Fortschritt, dass sich in unserer Gesellschaft nur als vollwertiger Mensch fühlen kann, welcher einer Erwerbstätigkeit nachgeht, selbst wenn diese direkt oder indirekt (und sei es nur durch das Pendeln zwischen Arbeitsort und Wohnort) dazu beiträgt die Natur zu zerstören? Und gehen wir nicht genau mit dieser, die Arbeit idealisierenden Logik, auf den Leim des Kapitalismus?

Gewiss, der Mensch hat ein Grundbedürfnis nach sinngebender Beschäftigung, nach zwischenmenschlicher Beziehung, sozialer Anerkennung und nach innerem Wachstum, aber er hat kein Bedürfnis nach einer wesensfremden, ihn krankmachenden und die Natur zerstörenden Arbeit.

In der Verknüpfung von Wettbewerb und Bezahlung liegt eines der raffiniertesten und zugleich eines der menschenverachtendsten Gesetze unseres Wirtschaftssystems. Beschäftigung an sich hat nichts mit Bezahlung zu tun. Im Gegenteil: Bezahlung kann der Qualität einer Arbeit, eines persönlichen Engagements sogar im Wege stehen. Vor allem, wenn der Lohn einer Beschäftigung in der Beschäftigung selbst liegt: wie zum Beispiel in der Liebe, in der Freundschaft oder in der Kunst.

Lasst mir den Stein! soll Sisyphos gesagt haben.

Wenn wir die Welt wirklich retten wollten (aber das will niemand zugeben), müssten wir eigentlich zurück auf die Bäume und wieder wie die Steinzeitmenschen oder wie die indigenen Völker am Amazonas leben, die der Natur nur das entnehmen, was sie unmittelbar zum Leben brauchen. Aber dafür ist es wohl zu spät. Die Zivilisation und im Grunde alles, was wir Fortschritt nennen, hat längst einen viel zu großen Keil zwischen uns und die Natur getrieben.

Eine gewisse Linderung könnte zumindest das schönste und die Schöpfung schonendste, vermutlich auch intelligenteste Gegenmodell zur Arbeit bringen, das der zivilisierte, vor allem der sinnlich begabte Mensch hervorgebracht hat. Ich spreche vom *„Müßiggang“* als alternative Lebensweise. In sämtlichen Diskursen wird diese alte Denkfigur allerdings wie eine *Persona Non Grata* behandelt. Vermutlich weil sich diese weder ökonomisch noch ideologisch ausbeuten lässt.

Müßiggang als eine alle materiellen und kriegerischen Ambitionen überwindende und damit die Welt rettende Tätigkeit in der Untätigkeit, die wir schon in den Schulen lehren und neu zelebrieren müssten.

...

Wo kommt der Begriff der Arbeit eigentlich her?
Im Lexikon heißt es: Arbeit ist eine zielgerichtete, soziale, planmäßige und bewusste, körperliche und geistige Tätigkeit.

In der *Antike* und im *Mittelalter* war der Begriffsinhalt von Arbeit durchweg negativ und abwertend besetzt: Arbeit galt als unwürdige Tätigkeit, deren sprachliche Synonyme Mühsal, Plage, Last und Not waren. Deshalb war sie von jeher Angelegenheit der unteren Schichten.

Erst durch die *christliche Religion* erhielt sie einen zunehmend positiven Drive und eine religiöse Bestimmung; besonders in der *protestantischen Ethik* ist Arbeit identisch mit Pflichterfüllung und gottgefälligem Tun zu verstehen; in einer asketischen, durch Arbeit geprägten Lebensweise wird bereits im Diesseits der Grundstein für die ewige Seligkeit gelegt.

Die von nun an beschönigende Bewertung von Arbeit und ihrem dazugehörigen Pathos hat sich in den frühen industrialisierenden Gesellschaften durchgesetzt; der Soziologe Max *Weber* (1864–1920) sah in der protestantischen Ethik die beste Voraussetzung für den Industrialisierungsprozess.

Bei Karl Marx (1818-1883) jedoch heißt es, Arbeit sei eine Art Stoffwechsel: ein Prozess zwischen Mensch und Natur, worin der Mensch seinen Stoffwechsel mit der Natur durch eigene Anstrengung (Arbeit) vermittelt, regelt und kontrolliert. Er tritt dem Naturstoff selbst als eine Naturmacht gegenüber. Die seiner Leiblichkeit angehörigen Kräfte, Arme und Beine, Kopf und Hand, setzt er in Bewegung, um sich den Naturstoff in einer für sein eigenes Leben brauchbaren Form anzueignen. Indem er durch diese Bewegung auf die Natur wirkt und diese verändert, verändert er zugleich seine eigene Natur.

Wie wahr doch diese Definition ist, wenn man heute 200 Jahre später den Klimawandel und die Umweltzerstörung durch die Globalisierung der Arbeit betrachtet!

Gespart

All
die Steine, welche
dir das Leben
in den Weg
gelegt

die viele Zeit
und Kraft, die sie
dich gekostet
haben

und
von der
du manchmal
annahmst
du
verschwendest
sie nur

im Grunde alles
was dir
irgendwann
zu viel
oder zu schwer
wurde

unnötig
und überflüssig
erschien

kann sich jetzt
auf einen Schlag
auszahlen

Klassenkampf

scheiß
auf die Idee
von einer besseren
Welt
und halte dich
lieber an das Gesetz
der Gier
und des großen
Geldes

vom globalen Fressen
und Gefressen
werden

das
ist wenigstens
eine Illusion die bis
ans Ende
funktioniert

Initiation

Als ich noch ein Kind war
haben sie mir gesagt, dass ich nur
ein Betriebsunfall gewesen sei

Mein Vater hat mir gesagt
dass ich seinem Bild nicht entspreche
und deshalb zu nichts zu gebrauchen wär

In der Grundschule haben sie mir gesagt
dass man vor allem gehorchen muss
und keine Widerworte geben darf

In der Oberschule haben sie mir gesagt
dass sie von mir gehört haben
und mich schon kleinkriegen werden

In der Universität haben sie mir gesagt
dass mir der nötige Abschluss fehle
und es nicht der richtige Ort für mich wär

In der Bundeswehr haben sie mir gesagt
dass sie Individuen wie mir das Diskutieren
schon abgewöhnen werden

In der Sozialbehörde haben sie mir gesagt
dass ich jede Arbeit annehmen muss
ob es mir gefällt oder nicht

In den Verlagen haben sie mir gesagt
dass man Gedichte wie die meinen
nicht verkaufen kann

Es hat also alles
geklappt

Relation oder
Vorstellung von Gerechtigkeit

wenn mir
in diesem Leben
immer nur
das
zuteilwerden könnte
was ich
selber
einem anderen
allen
anderen
zu geben
in der Lage bin

wäre
ich verdammt
arm dran

Existenziell

mehr als nur
worte
eine
sprache
eine erinnerung
ein name

der
dich angeht
der
dich berührt
der
dich für wahr
nimmt

dich befreit

dich
hinein
und wieder
hinaus
ruft

ins weite
ins nahe
ins all
gegenwärtige

dahinter
davor
und sogar
dazwischen

Metamorphose

Wie so oft – sehe ich
für mich
keine Chance
kein Licht mehr
am Ende

oder noch schlimmer
vielleicht
nicht mal am
Anfang

dann stürze ich
gern zurück

in die Fußstapfen
meines Vaters
oder
in die Gedankengänge
meiner Mutter

als letzte
Möglichkeit voran
zu kommen

vielleicht auch nur
zu entfliehen
am besten – mitten
hinein

Artikel 1 Würde

als vorrangiges
Bildungsziel
von
der ersten Klasse
an

vor allem
die Bewusstwerdung
der eigenen
Würde

als etwas
unveräußerliches
und zugleich
höchst verletzliches

das
man nicht nur
bei jedem anderen
sondern auch
gegen
seine eigene
Person

achten muss
nicht
beleidigen darf

im Grunde
genauso
wie die Idee
der Barmherzigkeit
der Sanftheit

und
die darüber
erlangte Fähigkeit
zur Versöhnung

Wachsende Nähe

solange

sich
nicht sagen

nicht messen
nicht beschreien
nicht zwingen

nicht erklären
nicht begründen
lässt

warum

und – wie sehr
wir uns lieb
haben

Herzmaterie

All das

was
mit jedem
aufscheinenden
Stern am Firmament
jedem Licht
selbst dem
entferntesten
in der Dunkelheit
jedem
zündenden
Funken
in deinem Herzen
jedem
guten Wort
oder Gedanken
jedem versöhnenden
Lächeln

jeder Form
von tatsächlicher
Liebe

Gott findet
und sich ausdehnt
wie Christus

im Universum

Frei nach Teilhard de Chardin

Bauchgefühl

Egal
worum es auch
geht

Gültigkeit
oder
Energie
bekommt es
erst

durch
die Resonanz
den
Widerhall

den
es in einem
Bereich
erfährt
der weniger
dem
Intellekt

sondern mehr
dem
Archewesen
in uns
angehört

Alter Ego

Was
immer du
durchgemacht
was
immer du
auf dich genommen
was
immer du
mit dir herum
getragen

vertraut
oder fremd
erschien

dich vielleicht
schon immer
quälte

oder dir
gerade eben erst
zugestoßen ist

wird
so zu einem
anderen Kind
in dir

und das
kann
das wird dich
retten

Der Zeit

die
ungesagt bleibt
ganz gleich
ob
du mitmachst
oder nicht

wie ein
unsichtbarer
Korridor
fungiert

in dem du
fortwährend
vorrückst

immer hastiger
immer eiliger

in kleineren
und mal
in größeren
Schritten

dem dir
bestimmten
Ausgang
entgegen

Expansion

Ich entdecke ständig
neue Welten
aber falle immer
in meine alte
zurück

Ich marschiere
gern voran – klar
aber bleibe immer
bei meinem
Standpunkt

Ich dringe tief
hinein,
aber bleibe selbst
am liebsten
außen vor

Ich schieße weit
übers Ziel
hinaus
aber bleibe doch
immer

mitten drin

Verstrickt

Der Bruder
wahrscheinlich
ein hölzernes
oder
steinernes
Archewesen

ein weißes Blatt
ein großer Zauderer
Verunsicherter

mit keinem Wort
mit keiner Silbe
und dennoch
in jedem deiner
Gedanken
enthalten

und sei es
bloß
als leiser Widerhall
als fernes Echo
das
sogar noch
da ist

wenn du
und deine Gründe
schon lange fort
sind

Feierabend

wenn ich mich freue

für alles
was durch mich
geschieht
oder
glücklicherweise
unterlassen

oder
einfach nur
für einen Versuch
einen tapfer
gerungenen
Kampf

egal ob
ich durch ihn
gewonnen
oder verloren
ging

an diesem
tag

Verkauft

In einer modernen Partnerschaft oder Liebesbeziehung werden alle Dinge demokratisch verhandelt, sagt der Paartherapeut freudestrahlend in einer Talkshow, als wäre dies ein Fortschritt in der zwischenmenschlichen Evolution oder sogar ein Durchbruch zu einer höheren Stufe der Zivilisation.

Ich mag in diesem Zusammenhang das Wort *VERHANDELN* nicht. Verhandeln kann man Geschäfte, persönliche Interessen. Aber Gefühle? Emotionen?

Die Liebe wird so vom Subjekt zum Objekt degradiert, beziehungsweise zum Gegenstand von Interessen gemacht. Herabgesetzt. Sie bekommt ein Äquivalent, das man wägen, vergleichen, aufrechnen, in Kosten und Nutzen unterteilen kann.

Alles habe nun mal seinen Preis, sagt der Volksmund. Und was einen Preis hat, kann man auch verhandeln. Aber das stimmt nicht. Die Dinge, auf die es ankommt, haben entweder ihren Preis oder ihre Würde. Eins geht nur!

Kosmogen

Als steckte
in jeder Ahnung
etwas noch
weiter Gehendes
Tieferes

in jedem gedachten
Gedanken
jedem
ausgemachten
Plan

selbst
dem schönsten
und
genialsten
ein noch größerer

mag sein
dass nicht alles
sofort
einen Sinn ergibt

trotzdem

einen Platz
seinen
hat es
auf jeden Fall

Frei nach Alexander von Humboldt

Sonderstellung

allein
schon dadurch
dass
es ein teil
vom ganzen
ist

dem großen spiel
der atome
und moleküle

dem kosmischen
mikro
und makro

dem all
umfassenden
geheimnisvollen
zueinander

dem endlos
pulsierenden
suchen
und finden

und mit
jedem einzelnen
von uns

ein wort
eine zeile der
unwiederbringlich
voran
schreitenden

erzählung
schafft

Frei nach Charles Darwin, Henry David Thoreau, Ernst Haeckel

Glück II

Liegt meistens
in dem
du ruhst

was immer
du tust

Erinnerungslos

Auf
der Treppe
ein kleines Kind
mit winzigen
Schuhchen
das sich
die Stufen hinauf
mühte

da
hab ich
mich
durch dieses Kind
gesehen

als
wäre alle Zeit
alle Erinnerung
auf einmal
Makulatur

in einer
unerwarteten
Drift

zu einem
anderen
Ziel
einem anderen
Ich

Für Martin

Geschieden

und
für sich eine eigene
kleine Wohnung gefunden
kein Garten mehr
und keine automatische
Gesellschaft

der Alltag und seine Banalität
muss neu gelernt werden
vor allem
an den Wochenenden

das Kind sieht er nur noch
einmal pro Woche
gleich nach der Schule
so hat er es erkämpft

Sonntags fährt er fort
es zieht ihn zu den Plätzen
seiner Kindheit

wo er mit dem Großvater
unterwegs war
oder mit seiner Mutter
gewohnt hat

er weiß, Gott hat sie selig
aber seine eigene Welt bleibt
dennoch zerbrochen

was hilft es, dass er es selbst
so gewollt hat

manchmal
macht er in der Kirche
eine Kerze an
und hofft auf morgen

das rettet

Fortschritt

Von einem Schuh
in den anderen

die tägliche
Erfahrung mit sich
selbst

mit dem eigenen
hinein und wieder
herauswachsen

von
einer Perspektive
in die andere

von
einer Situation
in die andere

von
einer Bewusstheit
in die andere

und je
nach Lebensphase
immer wieder
neu
begreifen

worauf es eventuell
ankommt

Echolot

schau erst mal
mit wem
du es zu tun hast
mit was
für einem Menschen

schau, dass du
im Miteinander
zu dir selber stehst

ich meine nicht nur
in der Sache
sondern auch
in deinen Emotionen
und Bedürfnissen

und nun
das schwierigste

hör auf das
was dir der andere
mitteilt und
tatsächlich sagt

nimm es zumindest
wahr

Entspannt

sich
nicht verhalten
müssen

und einfach
nur noch
da

respektive
hier
sein

dürfen

Zwischenmensch

allein
durch Resonanz
also nur
im Mitschwingen
zu erspüren
zu begreifen

dieses körperlose
Fabelwesen

besteht weder
aus Chemie
noch
aus Physik
und dennoch
ist es

der gewagteste
tatsächlichste
erhabenste
und
zugleich
verletzlichste
Teil von dir

von uns
allen

Beschreibung einer Liebesgeschichte

Oft dachte ich

ich bin
viel zu vergeblich
viel zu
unattraktiv
für eine andere
Seele

und
dann lernte ich
dich
und deine
ausgestreckte
Hand
wie eine
noch unbekannte
Sprache

du setztest dich
sandtest dich

mit jedem Tag
ein bisschen
mehr
an meine Seite

ganz gleich
wohin
mein Sehnen
mich auch führen
sollte

An eine Seele, die sich viel mehr feiern sollte

Geglaubt

Er denkt
immer gleich
an die Argumente
dagegen

die vielen noch
ungeklärten
Fragen
die möglichen
Risiken
und Gefahren
die noch
zu prüfen sind

Sie denkt
an
die Schönheit
des Seins

die Kraft
der Ideen und
die
Erhabenheit
aller Geschöpfe
auf Erden

und
antwortet
auf die Frage
wohin
mit alledem
und wozu

zu Gott
wohin sonst

männliches Versagen

ein Mann
ein Wort

ein Denker
ein Wort

ein Kämpfer
ein Wort

ein Bruder
ein Wort

ein Vater
ein Wort

ein Gott
ein Wort

und keines
davon
wurde gehalten

verhohlen
oder
verwoben

Souverän

nicht der
die Regel
schafft
sondern
der
über die
Ausnahme
einer
Regel
entscheidet

Unterwegs

du gehst gern
voran, weit voraus
aber nimmst
nichts mit

wozu auch

du gehst tief
hinein, ja
aber du bleibst
doch am liebsten
außen vor

du
suchst immer
gleich
das Weite
die Ferne
nichts wie weg

und findest
erst dadurch
die gewünschte
Nähe

vielleicht
ohne Ziel, ja
aber nicht ohne
Grund

Shitstorm

Die
Dämonen
der Sprachpolizei
kommen
im sauberen
Gewand
in der Robe der
Political
Correctness

sie schlagen an
wie Hunde
die man besser
nicht
von der Leine lässt

ihr Ziel
ist das Gefühl
der moralischen
Überlegenheit

getrieben
von der Lust
am Gegenhass
oder anders gesagt
am totalen
Missverstehen

warum nur
bin ich
selbst so oft einer
von ihnen

Himmlische Ruhe

Oder eine utopische Sehnsucht

Wenn ein globaler Schalter
in sämtlichen Netzen
alles blockieren
alle Talkshowgespräche
alle Bilder und Geräusche
entfernen könnte

die nur
um der Selbstdarstellung
der Publicity, der Propaganda
oder des reinen
Marketings
willen

um Aufmerksamkeit
buhlen

Vorsehung II

wer
die Sprache hat
hat immer
auch
die Gedanken

und

wer
schon mal
den Gedanken hat
dem folgen
auch
die Umstände

die Bedingungen
dafür

die guten
genauso
wie die
weniger guten

Bewerbung zur Kulturhauptstadt

Zukunft
gestalten heißt
vor allem
in der Gegenwart
leben

im Hier und Jetzt
gleich

realistisch
betrachtet
ist das wohl
der einzige
Platz auf der Welt
an dem wir
sein können

könnte es
irgendwo sonst
einen
utopischeren
geben

Geschützt

Von
niemandem
wahrgenommen

total
unberücksichtigt
geblieben

komplett
übersehen

oder einfach
nur
vergessen

und deshalb
nur
deshalb überlebt
und
sich so schön
entwickelt

Kausalität

Verschränkt
mit allem, was ist

das heißt
den Zustand
die gegenwärtige
Erscheinung

die Form
oder Situation
schafft

bestimmt
erst
der Beobachter
in mir

Heimat

all
die gefühlten
Fäden
meines Selbst

all
die Farben
meiner Gedanken

all
die Wege – Ziele
meines Tuns

all
die gehaltenen
und
vor allem
auch
gebrochenen
Versprechungen

die mich
genau
mit dem Gefühl
vereinen

in dem ich
aufgewachsen
bin

Frei nach Iwan Turgeniew,
dass Heimat der geistige und sittliche Besitz von uns allen ist

Befähigung, Vermögen

Nicht
Dass du es
Besitzt

In deinem
Eigentum steht

Ist wichtig

Sondern
Dass es sich
Entfaltet

Frommer Wunsch

Oder Utopie einer neuen Wirtschaftsordnung

Bei den Ureinwohnern genoss z.B. derjenige das höchste Ansehen, welcher der Gemeinschaft etwas schenkte. Für jedes Schwein beispielsweise, das ein Mann dem Dorf stiftete, durfte er sich als Zeichen eine Muschelperle aufs Halsband fädeln, je mehr Muscheln, umso höher das Ansehen.

Wie wäre es also, wenn anstelle der Aktienkurse an den Börsen in Zukunft in New York, London oder Frankfurt nur noch notiert würde, mit wie viel – oder noch interessanter – mit wie wenig Einsatz von Ressourcen, Güterverkehr, Rohstoffen und Energie all die großen Unternehmen ihre Waren oder Dienstleistungen herstellen und vor allem mit welcher Qualität. Stichwort *„Obsoleszenz"* als das vom Hersteller bewusst herbeigeführte Veralten oder Kaputtgehen von Produkten, damit sie möglichst schnell ersetzt werden müssen.

Wie wäre es, wenn im Teletext oder in der Laufschrift bei den Nachrichtensendern von allen Unternehmen mitgeteilt würde, wie viele Menschen dort ein gutes und dauerhaftes Auskommen finden. Wie viele Wohnungen oder Kindergartenplätze diese Firmen ihren Angestellten kostengünstig zur Verfügung stellen, und wie viele Menschen dadurch nicht mehr zur Arbeit C0-2-schädlich pendeln müssen, mehr Zeit haben sich zu erholen und ihre sozialen Kontakte zu pflegen.

→

Oder bei den Liveschalten zum Börsenparkett die Wirtschaftsredakteurin vor allem die Unternehmen lobt, die bei ihren Zulieferern in Afrika, Südamerika oder Asien daraufhin wirken, dass die Näherinnen, Bergleute oder Kleinbauern dort nicht nur ihr Brot finden, sondern auch Zugang zu sauberem Wasser und einem bescheidenen Dach über den Kopf, und der Möglichkeit für ihre Kinder, auch der Mädchen, von nun an eine Schule zu besuchen.

Verwaist

da

wo du
dich nicht
für voll
genommen

nicht
gesehen
nicht
verstanden
nicht
geschätzt
fühlst

entsteht
Einsamkeit
in dem
System

dem Blick
von Herzen

fühle ich
mich
oft deshalb
gerade
hier
am meisten
geborgen
?

Ein gutes Ende

die Liebe
klar
in jedem Fall

das Leben
vielleicht
vielleicht auch
nicht

vermutlich
alles
was nicht nur
Mittel

sondern
Zweck an sich
ist

aber
ich wusste nie
wo man ihn
finden
und noch
weniger
wo man ihn
suchen könnte

sagte der alte
Mann
bevor sein Herz
zu schlagen
aufhörte

Genutzt

Lass uns

nicht
die Zeit
vertreiben

im
Gegenteil

lass sie
uns
genießen

umso
stärker

umso
sicherer

wird sie
uns erden

bergen

Alles gut

Solange
Jesus um dich
ringt
du kannst ihn
gern auch
Mohammed
Siddhartha
oder weiß Gott
nennen

und
du im Grunde
nichts davon
bemerkst

Solange
Wirklichkeit
und
Vorstellung
in deinem
Herzen
um dich ringen

das Erwachen
in ihm
in dir
arbeitet

und
du im Grunde
nichts davon
bemerkst

Solange
die Geister
über der Erde
auf der Erde
und
unter der Erde
um dich
ringen

die Mutter
[deine]
wer sonst
dich behütet

und
du im Grunde
nichts davon
bemerkst

sonntags

gehe ich
in
meinen gedanken
spazieren

ich
könnte auch
in
einer schublade
mit alten
fotos oder
in einem regal
zwischen
den büchern
spazieren gehen

da komme ich
überall hin

wenn ich will
sogar
zu den klippen
zu den vögeln
zu den fischen
zu den inseln
die noch niemand
kennt

und verwandele
mit ihrem
elixier
die längst
abgetragenen
hoffnungen
des alltags
in
neues logieren

neues
probieren

am
schönsten ist es
solange es
keinen namen
hat

eins ist

wenn ich bloß
wüsste
wo
ich es finden
oder
wenigsten
suchen könnte

Profiliert

ecken
und kanten
gewinnst du
nicht
verlierst du
nicht

die
hast du

und jedes mal
wenn du
in deinem
vertun
deinem kalkül
gebrochen
wirst

nicht nur
geschliffen

bekommst
du sie wieder

wenn auch
an
einer ganz
anderen stelle
als vorher

Relativitätsprinzip

tatsächlich

jedes Mal
wenn ich glaube
meine Arbeit
endlich
fertig zu haben
fällt alles
wieder
in sich
zusammen
und ich muss
wieder
ganz von vorne
anfangen

hadert
er

Sei doch froh
dass du
immerhin
schon soweit
bist
überhaupt
etwas
zu haben
das einstürzen
kann

tröstet
sie

trinkspruch

lasst uns
das glas erheben
und anstoßen
auf
die fehlbarkeit
auf die
unvollkommenheit
ja
auf die
widersprüchlichkeit
unseres lebens

denn meistens
ist es das scheitern
das
sich verlieren
und nicht
das gewinnen
das
einen menschen

erst
zum menschen
macht

Politischer Dreisatz

Umarme mich, aber berühr mich nicht! Will sagen: Mehr Bürgernähe wäre der falsche Ansatz und verheißt nur noch mehr Einmischung und noch mehr Bevormundung von Seiten der EU-Bürokratie als neuen supranationalen „Sowjet".
Umgekehrt wird ein Schuh daraus: Die administrativen Vorgaben und Einschränkungen sollten den Menschen möglichst fern bleiben, so wenig wie möglich in ihr persönliches Leben eingreifen und sich „nur" um die Themen kümmern, die wir als Einzelnation beim besten Willen nicht alleine regeln, nicht alleine lösen können.

...

Hatten die Staatsmänner und Staatsfrauen in früheren Zeiten vielleicht weniger Wissen, aber in ihrem politischen Handeln nicht viel mehr Weisheit? Ein Grundgesetz als bestes geistiges Infrastrukturprojekt aller Zeiten, wie wir es 1949 geschenkt bekommen haben, wäre heute schon in seiner Sprache, in seinen klaren und einfachen Grundaussagen gar nicht mehr denkbar. Und genau darin liegt unser größtes Problem!

Die Politik, egal ob von links oder rechts, scheint nur noch im Affekt zu reagieren oder zu regieren. Sie ist nur noch von Interessen geleitet und nicht mehr von Erfahrung, schon gar nicht von historischer Erfahrung, was etwas völlig anderes ist. Sie dreht sich nur noch im Kreis und hyperventiliert gewissermaßen im Modus medialer Schnappatmung.

→

Dadurch fehlt es den politischen Akteuren inzwischen an Haltung oder Überzeugung, die als Kompass für das weitere Vorgehen dienen könnte. Und deshalb haben die Parteien auch kein Profil mehr.

Je mehr divergierende Interessen – zu viele Köche verderben den Brei – auszugleichen, mitzudenken und mit zu berücksichtigen sind, erst recht in einem föderalen System plus der alles Handeln überwölbenden EU-Ebene, umso kleinteiliger, undurchschaubarer und widersprüchlicher werden am Ende die politischen Ab- und Zustimmungsprozesse, die sie nach Endlosnächten „gutes Ergebnis“ nennen.

...

Das Beruhigende

Es fügt sich immer etwas
denn es war nie so
dass es nirgendwie war
schon gar nicht, wie wir dachten

Paartherapie

ein Wunder, dass
die Beziehung fester
und vor allem
elastischer
war

als der Hang
zum Missverstehen

die Lust an der
Zerstörung

das Verwirrspiel
der Schattenkämpfe

die nie endenden
Selbst-Sabotage
Programme

die
unausweichlichen
Projektionen
aus der eigenen
Vergangenheit

die gnadenlosen
Abwehr
und Verdrängungs
Reflexe

ja, selbst
die mächtigsten
Götter meines
oder deines
so tief getroffenen
Egos
am Ende
verwünschen
oder zerreißen
konnten

Friday for Future

Eigentlich ist es beruhigend zu sehen, wie viel Unruhe inzwischen in der Welt ist, denn Beunruhigung bedeutet zumindest Bewegung. Egal in welcher Richtung. Erwachen aus der Erstarrung alten wie in Beton gegossenen Denkens – überkommener politischer und ökonomischer Logiken, geschrumpfter zu ausgestanzten Political-Correctness-Floskeln und Phrasen abgenutzter Sprache.

Etwas fügt sich immer, schließlich war es nie so, dass es nirgend …wie war. Und schon gar nicht, wie wir dachten: als wir noch dachten!

Christlich

*[genauso könnte man hier aber auch sagen:
jüdisch, moslemisch, buddhistisch, hinduistisch, taoistisch …]*

Nicht
damit Gott
uns liebt, sondern
weil
er uns liebt

Und so, wie es dir
guttut
wenn jemand
anderes
an dich denkt

könnte es
vielleicht auch Gott
guttun
wenn du
an ihn denkst

und mit jedem
deiner Gedanken
an ihn

die Nadel an
deinem Kompass
ein winziges
Stück
anders, also neu
justierst

Hashtag

Online wird alles einfacher, sagten sie.

Du musst dann nicht mehr persönlich überall hingehen und kannst rund um die Uhr, sogar am Sonn- und Feiertag, alle deine Geschäfte erledigen.

Und jetzt? Musst du jedes Mal eine PIN eingeben. Musst dich zusätzlich authentifizieren mit einem Passwort und einem Benutzernamen, den du auf Punkt und Komma genau so nachbeten musst, wie in der Datenbank bereits hinterlegt ist, sonst kommst du gar nicht erst durch die Tür.

Darfst bei der Eingabe deines Anliegens die erlaubte Zeichenzahl nicht überschreiten: keine Anführungszeichen, Doppelpunkte oder Bindestriche verwenden, sonst wird deine ganze Einlassung als fehlerhaft deklariert, wie in der Schule, wenn der Lehrer etwas rot anstreicht.

Auch darfst du während des Ausfüllens keinen Akkuausfall haben oder aus Versehen die Taste „Zurücksetzen“ drücken, die alles Eingegebene unwiederbringlich löschen würde. Musst am Ende des Formulars das juristische Kauderwelsch einer Datenschutzerklärung bestätigen, die keine Sau versteht: Rückfragen oder gar Kommentare dazu, inzwischen würde dir schon das Eine oder Andere einfallen, sind leider nicht möglich!

Und schließlich, wenn du es bis hierher tatsächlich geschafft hast und die Nachricht nun endlich abschicken willst, musst du noch eine Art Idiotentest bestehen: in einem bunten Bildsalat versteckte Symbole erkennen oder eine vorgegebene Formel, die noch wie aus dem Physikunterricht anmutet, den du nie besucht hast, richtig abschreiben.

So wollen sie feststellen, ob du überhaupt echt bist oder nur eine Art Gegen-Maschine: oh Backe, was ist, wenn du dich hier vertust? Einfaches Durchwinken oder gar ein Auge zudrücken kennt der Algorithmus des Onlineformulars nicht!

Sentimental

schließlich
haben
wir zusammen
geweint
und zusammen
gelacht

es war
ein tiefgreifendes
unsere ganze
welt
durchschreitendes
fast
melancholisches
lachen

und dadurch
erst

ein aufrichtiges
das beste
in uns
bemüßigendes
im grunde
des herzens
schon
beglückendes
weinen

Geankert

der Eine
sieht in ihm den Herbei
gerufenen
den machtvollen
Tröster

der Andere
lieber den Advocatus
den großen
Beistand
auf den er hoffte

vielleicht
ist es genau dies
das wir
in dem Anderen
suchen

und
manchmal kaum
zu glauben

in
der schwächsten
scheinbar
unzulänglichsten aller
Möglichkeiten
finden

wie
ich durch dich
zum Beispiel
es lohnt sich also
und wie

Gestört

Immer
wenn ich mal kurz
durchatmen
möchte
und einfach nur
meine Ruhe
haben will

kommt gleich
die nächste
Inspiration
die mich
in sich
hineinzieht

ich vermute
genau
das
ist Pfingsten

Eingebüßt

wenn ein Entwurf
misslingt
viel zu umständlich
oder seltsam
leblos erscheint

liegt es meistens
daran
dass sein Schöpfer
in dem Fall
ich
besonders großes
damit vorhatte

na toll

dann
bleibt mir bloß
was abgehobelt ist
Späne im Staub
die sich nicht rück
beleben
rückbesinnen
lassen

wie die leeren
Flügel
einer Eintagsfliege
deren Traum
sich längst
davongemacht
hat

Zusammengefasst

macht
jedes
Quantenteilchen
jedes
Atom
jedes
Molekül
jedes
Staubkörnchen

wenn es von sich
von uns
erzählen könnte

einen
nach außen
wie
innen gekehrten
Standpunkt
oder
sollte man
sagen

Traum
deutlich

anders
als wir dachten
werden wir
durch ihn
erst
was wir sind

Zur Verrechnung

Oder Anleitung zum Glücklich-Sein

Wie willst du die Balance halten, wenn du nur das Negative in deinem Leben gelten lässt und all das Gute und Schöne nicht mal registrierst, gar nicht wahrnimmst: Wie bei einem Bankkonto, das nur Abbuchungen kennt, aber keine Zahlungseingänge.

Das Negative im Leben, erst recht alles Zurückliegende, lässt sich nicht ändern. Das ist, wie es ist. Lass es liegen, kümmere dich nicht weiter darum. Beginne stattdessen lieber zur Kenntnis zu nehmen, was an Gutem in deinem Leben ist. Auch wenn es am Anfang nur ganz kleine Dinge zu sein scheinen. Oder auch Unfälle und Krankheiten, die gar nicht eingetreten sind, von denen du verschont worden bist. Lass auch diese gelten und werfe sie in die Waagschale der erfreulichen Ereignisse.

Wie gesagt, all das Negative ist dann immer noch da, das läuft dir nicht weg, aber es wird mit jedem Zugang in der Waagschale des Positiven, selbst dem Kleinsten, ein Stückchen aufgewogen, aufgehoben! Vielleicht nicht sofort und nicht ganz, aber ein bisschen schon und das ist dein Glück.

Es wird Zeit, dass du all das Gute, zum Beispiel das Selbstverständliche auf der Haben-Seite registrierst. Du kannst es selber buchen. Mach dir einfach eine Liste und halte fest, was dir zu dieser Stunde gerade an Schönem und Liebenswertem widerfährt, denn nur, was registriert wird, bekommt Gewicht und zahlt auf dein „magisches“ Konto ein.

→

Jeder Sonnenaufgang mit seiner Farbenpracht, auf den du achtgibst, jedes gute Erwachen nach einer langen Nacht, jeder Moment, der dir Frieden gibt, jede unscheinbare Blume, die durch deinen Blick aufblüht, jedes freundliche Wort und erst recht jede unerwartete ausgestreckte Hand kann alles aufwiegen.

Ich freue mich schon auf die Liste der Begebenheiten, die du heute zu berichten weißt und kann es kaum erwarten!

Spurlos

Als wäre die Zeit
die mir bleibt
für mein
Himmelszelt

wie
ein sanfter
Regenschauer
der
vom Glück
erzählen

zumindest
es
leise flüstern
kann

bis zu dem
Moment
des Aufbruchs

in
dem sich alles
rührt

alles eint
alles
verliert

→

darum lobe ich
folge ich
am stärksten
am liebsten
dem
den ich nicht
fassen

und
nie begreifen
kann

Erkundung

[ich]
genieße es
jederzeit kommen
und wieder
gehen zu können

einfach kommen
und gehen
zu dürfen

ohne Arg
ohne Vorwurf

selbst
bis in die stillsten
fernsten
Winkel
des Denkbaren

immer
in dem Gefühl
vielleicht
na und

am Ende fehl
zu schlagen
und
dennoch
anzukommen

aufgehoben
zu sein

Reziprok

Der Törichte betet, dass einer kommen möge, der ihm alle Sorgen nimmt.

Der Kluge betet, dass ihm das Wissen oder die Gabe oder irgendeine Logik zuteilwerden möge, die ihm hilft, sich selber zu helfen.

Der Weise hingegen betet für die Chance, zumindest der Not eines Anderen abhelfen zu dürfen, um darüber automatisch, wie über einen geheimnisvollen Transmissionsriemen, ein Stück seines eigenen Elends zu lindern – zu wandeln.

Frei nach Markus 11

Teambesprechung
vor dem Vogelzug

Und
welche Aufgabe
machst du
fragt der Kranich
ein kleines Vögelchen
das eigentlich
nicht dazugehört

mein Angebot ist
einfach
da zu sein

wie eine kleine
weiße Feder
die unvermittelt
in der Luft schwebt

auf einen
Wimpernschlag
bezaubert
bereichert

und
alle Mühsal
alle Last der Welt
für einen
Augenblick
vergessen
macht

Solo

Wenn die Sonne
sich senkt
die Weisheit des Tages
an Kraft
an Mut verliert

aufhört
zu existieren

dennoch ein Wort
ein gefühltes
Bild
vom Gesang
vom
Geräusch der Kindheit
erzählt, aufblitzt

aufklart
und gleich
wieder entwindet
lautlos, sinnlos

als
wäre die Welt
entzwei
von nun an
schwarz
und weiß geteilt

zurückgefallen
zurückgekehrt

wie gut, dass bereits
der Morgen
naht

Wunschvorstellung

Man sollte jedem Menschen neben dem Recht auf Leben und körperliche Unversehrtheit auch ein Recht auf Beziehung und ein Recht auf sinnvolle Beschäftigung einräumen.

Wie gesagt, keine Pflicht, aber ein Recht darauf, zusammen mit einem Grundeinkommen oder noch besser gesagt Auskommen. Als Berechtigung sollte es genügen zu existieren und nicht zu funktionieren.

Dann hätten wir achtzig Prozent aller Sorgen und Nöte gelöst.

Mittelweg

zuerst
bist du noch
nicht alt
genug

dann bist du
nicht schön
nicht klug genug

wahrscheinlich
bist du auch
nicht gerissen
oder
nicht reich genug

am Ende bist du
nicht
entschlossen
nicht mutig
genug

und plötzlich
auch nicht mehr
jung genug

von Anfang an
nie
genug

Forschungsarbeit

Am Anfang
stand die wissenschaftliche
Frage ob überhaupt
und wenn ja
wie
Menschen
mit Benachteiligung
zum schöpferischen Tun
veranlasst werden
können

Am Ende
stand die ungewollte
Erkenntnis
dass vielleicht sogar
bei jedem
der schöpferisch
oder literarisch wird
irgendeine Art
von Behinderung, Defizit
oder Handikap
vorliegt

Vorliegen muss
als innere Voraussetzung
und persönliche Not
Wendigkeit

Die ihn
veranlasst

Mutterlos

ich glaube
das
sind die Blumen
die
meine Mutter
noch gepflanzt hat

sie kommen
immer wieder

ich glaube
das ist das Lied
das
meine Mutter
gern gesungen hat

sie war so frei
wollte so frei sein

ich glaube
das ist der Rat
den
meine Mutter
schon gegeben hat

es ist, es war
einer ihrer
besten

Per-for-ma-tiv

Indem er
dasselbe Wort
dieselbe Rede
dieselbe
Wendung
ein Leben lang
wiederholte

änderte sich
die Tonlage
jedes Mal
ein bisschen

war mal
dramatischer
und mal
gelassener

war mal
bestimmter
und mal
unbestimmter

war mal
überlegter
und mal
unüberlegter

war mal
annehmender
und mal
abwehrender

war mal
unsicherer
und mal
beruhigter

war mal
flüchtiger
und mal
gesetzter

nach innen
geschliffener
strahlender

nicht unbedingt
klüger aber
immer
ein bisschen
gefasster

geglückter
verschwiegener

letztendlich

Läuterung

Ja
ich hätte
einfühlsamer mit dir
umgehen
besser auf dich
achtgeben
und
mehr für dich tun
müssen

Doch immer
wenn ich unterwegs
bin, allein
mich
zum Beispiel
gegen einen Baum
lehne
und erfahre
wie viel Rückhalt
der mir gibt

Immer
wenn eine Katze
auf Streifzug
meinen Weg quert
egal
aus welcher
Warte
und
sich durch nichts
beirren lässt

Immer
wenn ein offener
unbefangener
Blick

oder nur der leise
Anflug
eines Lächelns
durch einen
Fremden

ein unbekanntes
Gesicht
mich trifft

Spüre ich, weiß ich
dass du
mir verziehen
hast

Getragen

Wenn du spürst
dass etwas
größeres
als du selbst
deinen Sinn
weckt
deine Hand
führt
oder deinen
Fuß setzt

Auf eine Weise
mit der du
vollkommen
identisch
bist

Leben

das
ist nicht
Erledigung
nicht
blindes
Abarbeiten
sondern
das
Ausschöpfen
Auskosten
und
wahrnehmen
dessen
was ist

ganz
besonders
wenn es
nicht
genau das

sondern
ein bisschen
anders ist

als wir
uns
gewünscht
haben

Die andere Zeit

luftverändert
losgerissen
vom überdrüssigen
viel zu vielen
sich selbst

unter ein anderes Dach
in eine andere Zeit
eine völlig andere
Vorstellung
von Beschaulichkeit

in die Ruhe des Waldes
das Knistern
des Nadelteppichs
wenn man ihn
tatsächlich betritt
die Spannung
dabei

wenn das Wetter
umschlägt
endlich
die Sonne durchbricht

und es hinaus
in die geflüsterten Berge
und Wiesen

das
Grasen der Kühe
das Rufen der Gänse

die
Gelassenheit der Esel
ja, ganz besonders
die

einfach nur
in die Sanftheit
der Flora und Fauna
ihre glücklichen
wie
gemalten
Schöße
auch wenn das Bild
falsch ist

wie alle Bilder
trotzdem

die vielen
noch unerforschten
Wege
und an jedem
Ende

jeder Kreuzung
finden
wir
uns wieder

Schwarzwalden

Als ich
das Motorrad
herannahen hörte
und es fuhr
nicht mal besonders
schnell

durchstieß mich
das Hämmern
des Zylinderkolbens
dieser hoch
gezüchteten
Maschine

ihre
jede natürliche
Stille
jede Achtsamkeit
betäubenden Schläge

als wäre hier
ein Beben
im Gange – das alles
erschütterte
und
die Power
dieses Fahrzeugs
das Epizentrum

da schaute ich
ich glaube
zum ersten Mal
mit
den Augen der Bäume
jedes einzelnen
als wäre ich selbst
ein Stück
von ihrem Holz

lauschte
mit den Ohren
der Tiere
auch der scheuesten

und ahnte, spürte
auf einmal die ganze
Gewalt
den unsäglichen
Schmerz

den sie
durch unsere Art
der
Zivilisation ertragen
mussten

Vaterlos

Vom
Fenster aus
sah ich
einen jungen Mann
mit
Dreitagebart
Zopf und T-Shirt

der
in seinen Armen
ein winziges
Bündel
in eine Decke
gewickelt
mehr als fürsorglich
hin und
her schaukelte

was für ein
Glück
was für ein
Leben
dachte ich

wenn mein
Vater

mich
auch nur
ein einziges Mal
so gehalten
so
versehen
hätte

Gepanzert

Wenn
dein inneres
Kind
irgendwann
so taub
und
stumm
geworden
ist

dass du
es
mit nichts
mehr
berühren

oder
beschämen

ja, ihm
niemand
mehr etwas
anhaben
kann

war es das
was du
wolltest

Glückes Schmied

Nein

ich habe
nicht das Mädchen
geheiratet
in das
ich während
meiner Schulzeit
so
schrecklich verliebt
war

ich habe auch
nicht das Studium
absolviert
das
meine Eltern von mir
gewünscht haben

war wohl
nicht mehr bereit
dazu

also habe ich
auch nicht den Beruf
ergriffen
der
von Kindheit an
für mich
gedacht war

sondern am Ende
einen völlig anderen
scheinbar
nutzlosen Weg
verfolgt

und
bin ich deshalb
unglücklich

geworden

Postskriptum

Es ist spannend zu sehen, wie das Kind, das du einmal warst, nach innen gewandert ist, es ist noch immer da, wie die innersten Jahresringe eines Baumes noch immer da sind, auch wenn man sie längst nicht mehr sehen kann.

Geheiligt

Woher um Gottes willen nimmst du nur die Kraft. Weiterzumachen. Meine Last ist leicht! soll er gesagt haben. Eine der merkwürdigsten, zunächst unverständlichsten und dann doch wandlungsfähigsten Mitteilungen, die ich kenne.

Der größte aller Vorteile ist nicht der eigene, nicht der eines durchgestandenen Kampfes und auch nicht der eines errungenen Erfolges oder auferlegten Verzichtes, sondern erst der, welcher dir - von Gott weiß woher - auf einmal zuwächst, zufällt, einfach da ist, alles andere aufwiegt und dadurch alle Last leicht macht.

Welche Hoffnung auf Dasein könnte schöner, erhebender sein.

Kurzurlaub

Überall
selbst
in den dunkelsten
Wolken

suche ich
das Meer
das mich befreit
und sei es
nur
geahnt

eine Hand weit
weg
vom täglichen
Geschehen

in alles
was sich auftut
wie
ein licht
schimmernder
Streifen
am Horizont

was will ich
mehr

den
nehme ich
mit
und dich natürlich
auch

Zugabe

Unsortiert

Anthropologisch bildet sich in zeiten des internets und der virtuellen räume längst eine neue spezies heraus der homo media

Der mensch der nicht mehr tatsächlich sondern bloß noch mutmaßlich nicht mehr geschöpf kein natürliches wesen sondern nur noch als fuß abdruck oder echo profil im world wide web

Wie ein schatten umriss daherkommt jedes und nichts bedeuten kann eine kopie einer kopie nur noch eine flirrende fata morgana von sich selbst in welcher er sich spiegeln schauen und vergewissern kann

Als brauchte es nur genügend künstliche intelligenz rechner fähigkeit und wollte er müsste er könnte er damit den nächsten schritt der eigenen schöpfung selber bestimmen …

Das Gedicht zu den Menschen bringen

Forum-Literaturbüro initiiert „Lesezeichen 2009/2010“

Dokumentation

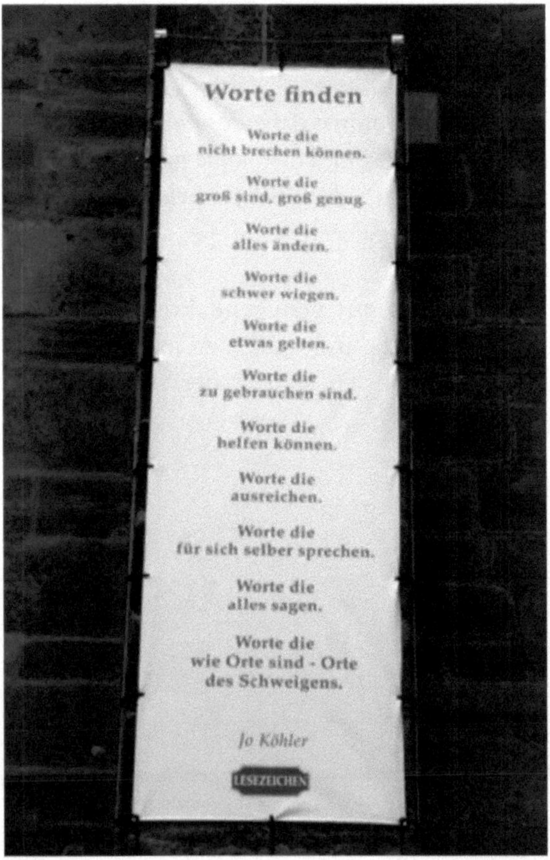

Das Gedicht zu den Menschen bringen

Forum-Literaturbüro initiiert „Lesezeichen 2009/2010"

Welche Relevanz haben Literatur und Gedicht, das ist eine Frage, die hinter der groß angelegten Aktion „Lesezeichen 2009/2010" in Hildesheim steht. Diese Frage hat sich Jo Köhler vom Forum-Literaturbüro gestellt. Es ging ihm um das Immaterielle, die geistige Nahrung für Leser, es ging aber auch darum, neue Wege zu beschreiten, wie Literatur jenseits des Buches, zu den Menschen kommt. Im Fall der Lesezeichen war es speziell das Gedicht. Gedichte finden immer schwerer ihre Leser. Nun sollte ihnen ein fester Ort gegeben werden. Der Weg: Große Banner mit Gedichten bedruckt, die an prominenten Orten in der Stadt aufgehängt wurden. An 16 öffentlichen Orten und Bauwerken machten 25 großflächig gedruckte Gedichte zeitgenössischer Autoren aus Deutschland und sechs weiteren Nationen auf sich aufmerksam. So entfalteten sich lyrische Texte auf monumentalen Lesezeichen im urbanen Raum. Lesezeichen an Hildesheimer Straßen und Plätzen haben die Stadt vom 8. August 2009 bis Januar 2010 in einen Park der Poesie verwandelt. Das Projekt hatte Experimentalcharakter, es reizte die Organisatoren einen Weg zu gehen, der neu ist und Plätze und Orte auf lyrische Weise zu vernetzen. „Lesezeichen 2009/2010" war ein Projekt des Forum-Literaturbüro e.V. in Kooperation mit der Kulturfabrik Löseke und Hildesheim Marketing.

Gedichte verorten und ihre „Hüter" finden

Jeder Ort hat seinen eigenen Seelenzustand, sagt Jo Köhler, wenn man ihn betritt geht er ein wenig auf den Menschen über. Beim Lesen von Gedichten sei es ganz ähnlich. Das Gedicht bekommt seinen Wert erst durch den Bezug zu etwas anderem. Das kann der Bezug zu einem Ort sein. Und eben so entsteht Verortung. Das Gedicht bekommt neue Perspektive. Dazu trägt bei, ob es an der Andreaskirche, am Eingang der Galeria Kaufhof, der Bushaltestelle an

der Schuhstraße und dem Stadttheater oder dem Museum hängt.
Literatur wirkt dort, wo sie den Menschen erreicht und berührt, sagt Köhler. Eine Herausforderung lag im Vorfeld in der Vielzahl der Orte. An den Baugenehmigungen für die 16 Orten waren zahlreiche Gremien und Entscheider beteiligt, die Organisatoren benötigten städtische Baugenehmigungen für jeden einzelnen Ort. Hinzu kam, dass die Gedichte am Ende nicht nur übergestülpt werden sollten, die Entscheider sollten sich damit identifizieren und zu "Hütern der Lesezeichen“ werden.

Orte und Partner des Projekts Lesezeichen 2009/2010
Durch die Materialisierung, die Verortung, des Gedichtes gab das Forum Literaturbüro jenseits medialier Vervielfältigungs- und Reproduktionswut seine Originalität, seine Einmaligkeit und damit seine Aura zurück. Dass das Projekt „Lesezeichen 2009/2010“ umgesetzt werden konnte, ist den zahlreichen Hildesheimer Einrichtungen zu verdanken, die den Lesezeichen einen Ort gegeben haben: Roemer- und Pelizaeus-Museum, Dombibliothek Hildesheim, Volkshochschule Hildesheim, VHS-Mehrgenerationenhaus, Amei's Buchecke, Thega Filmpalast, Theater für Niedersachsen, TfN (Gemeinnützige Baugesellschaft zu Hildesheim AG, gbg), Hochschule für Angewandte Wissenschaft und Kunst (HAWK), Galeria Kaufhof, Tessner-Haus (Bischöfliches Generalvikariat), Bushaltestelle Schuhstraße (Stadtverkehr Hildesheim, SVHI), Buchhandlung Decius, St. Andreaskirche (St. Andreas Gemeinde Hildesheim), Stadtbibliothek Hildesheim, Sparkasse Hildesheim, Hauptbahnhof (DB Station&Service AG).

Zu den Partnern und Förderern zählten außerdem die Stadt Hildesheim, Kulturfabrik Löseke, Hildesheim Marketing, Sparkasse Hildesheim, Dekosysteme Frieber, Friedrich Weinhagen Stiftung, Landschaftsverband Hildesheim e.V. und die Klosterkammer Hannover. +++ Schreib und Literaturwerkstätten Annette Rösel.

Besonderer Dank für die logistische und technische Hilfe gilt der Kulturfabrik Löseke, der Berufsfeuerwehr Hildesheim und den Druckhäusern Köhler in Harsum und Dekosystemen Frieber in Giesen.

Zitate der „Hüter“ der Lesezeichen

Dass sich die Partner und Förderer mit den Lesezeichen identifizieren konnten und auf diese Weise tatsächlich zu „Hütern“ wurden, zeigen ihre Aussagen zum Projekt:

Kerstin Meyer (Geschäftsführerin Galeria Kaufhof)
„Wir bringen an den beiden Eingängen Tafeln mit Lesezeichen an und hoffen, dass sich die Kunden davon inspirieren lassen. Kaufhof fördert die Lesezeichen, weil es ein sehr spannendes Projekt ist. So etwas gab es bisher nicht in Hildesheim und auch in keiner anderen Stadt. Gerade das Zusammenspiel von Warenhaus und Poesie ist etwas Neues und etwas Spannendes. Bei uns gehen tausende von Menschen durch das Haus und die würden wir gerne mit Poesie in Kontakt bringen. Wir sind sehr gespannt.“

Ekkehard Pallandt (Bürgermeister Stadt Hildesheim)
Dieses Projekt erweckt über die Stadtgrenzen hinaus Aufmerksamkeit in Niedersachsen. Es ist keine Eintagsfliege, sondern dauert ein halbes Jahr. Die Stadt unterstützt das Projekt durch Genehmigungen und Bereitstellen der Orte. Betonen möchte ich aber auch das Engagement der Berufsfeuerwehr bei der Montage.

Wilhelm Schröder (Marketing Sparkasse)

„Wir finden die Lesezeichen als Kulturprojekt sehr interessant. Die Gedichte, die ein halbes Jahr in der Stadt hängen, werden sicherlich Bürger und Besucher zu einem Aha-Effekt anregen, die Leute werden stehen bleiben und nachdenken. Die Leute kommen an den monumentalen Gedicht-Bannern gar nicht vorbei, sie müssen sich damit auseinandersetzen.“

Lothar Meyer-Mertel (Geschäftsführer Hildesheim Marketing)
„Das Projekt „Lesezeichen 2009/2010“ bietet mal eine ganz andere Möglichkeit, die Stadt zu erkunden und lädt sowohl Einwohner als auch Besucher ein, Hildesheim aus einer anderen Perspektive zu sehen.

Die Auswahl der Gedichte

Für die Auswahl war nicht nur wichtig, ob ein Text gut ist, sondern in was für einem Zusammenhang er gut sein kann. Es gibt keinen festen, objektiven Wert eines Gedichtes. Wert bekommt das Gedicht erst in Beziehung zu etwas anderem. Dem inneren und äußeren Bezug, in dem es wahrgenommen und vergegenwärtigt wird. Was keine Einschränkung seiner Qualität bedeutet, im Gegenteil, es fördert immer neue Qualitäten zutage. Lyrik versteht das Forum Literaturbüro hier als Vielfalt und unterschiedlichste Spielarten. 18 Dichter und Dichterinnen aus Deutschland, Russland, Italien, Ungarn, Österreich und der Ukraine und den Niederlanden kamen durch die Lesezeichen zum Tragen. Die Gedichte wurden von einem Fachgremium des Forums-Literaturbüro in Hildesheim ausgewählt. Darunter waren international renommierte Autoren wie Wjatscheslaw Kuprijanow, Imre Máté, Elias O. Dunu und der Bergsteiger und Grenzgänger Reinhold Messner aber auch Hildesheimer Autoren wie Manfred Hausin oder Jo Köhler. Ebenfalls mit dabei sind dichterische Highlights des in diesem Jahr erstmalig bundesweit ausgeschriebenen Hildesheimer Lyrik-Wettbewerbs. Die Themen der freirhythmischen Verse sind dabei vielfältig und reichen vom Schmerz des Erwachsenwerdens bis hin zur kritischen Auseinandersetzung mit Gegenwart und Zeitgeist.

Wenn Literatur auf Technik trifft

Der Charakter des Gedichts musste zum Ort passen. Da geht es zum Teil um rein technische Belange, so musste etwa die Länge stimmen. Für Organisator Jo Köhler war das eine Wissenschaft für sich. Jedes Lesezeichen war ein Unikat, ganz

für den Platz gemacht, an dem es hing. Darin bestand nicht zuletzt für die Drucker und Hersteller und auch für die Monteure, unter denen sich Mitarbeiter der Kulturfabrik Löseke befanden, die Herausforderung. Und für alle Lesezeichen wurde eine individuelle Lösung gefunden. Innerhalb von zwei Wochen wurden die Banner aufgehängt, das letzte hing an der Andreaskirche am 4. August 2009. Behilflich war die Berufsfeuerwehr Hildesheim, die die Geräte und Hubwagen zur Verfügung stellte. Brandoberamtsrat Folke Thies sah keine Schwierigkeiten in der Aktion. „Für uns ist das eine einfache Hilfeleistung, wir haben 7-8 Mal im Stadtgebiet unsere Drehleiter aufgebaut. Banner sind kein Problem, schließlich holen wir auch Katzen von Bäumen“. Jo Köhler selbst hatte beim Anbringen des letzten Lesezeichens fast etwas Lampenfieber und betonte sein Erstaunen darüber, dass alles nach einem Jahr Arbeit tatsächlich funktionierte. Mit dem Anbringen des 25. Lesezeichens ließ das Forum-Literaturbüro ein bundesweit einzigartiges Kunst- und Literaturprojekt im öffentlichen Raum entstehen. Durch die Kombination von Ort und Wort entstand ein poetisches Zusammenspiel zwischen der jeweiligen Gedichtinstallation und der Wahrnehmung des Betrachters. Wobei nicht das Wichtigste bei einem Gedicht für Köhler nicht das ist, was der Autor damit sagen will, sondern das, was sich im Kopf und im Herzen des einzelnen Lesers herausbildet.

Eine Kuriosität am Rande: Es gab keine eine Versicherung für Gedichtinstallationen, nicht mal im Land der Dichter und Denker. Zu guter Letzt fand sich in Köln ein Versicherer, der die speziellen für Lyrik-Installationen in sein Programm mit aufnahm

Eröffnung der Lesezeichen-Aktion am 8. August 2009

Mit großem Programm wurde das Projekt „Lesezeichen 2009/2010“, das unter der Schirmherrschaft von Oberbürgermeister Kurt Machens stand, am Samstag, dem 8. August, eröffnet. Auf dem Andreasplatz vor der St. Andreaskirche gab es auf einer Bühne Lesungen und Musik. Interessierte hatten sich eingefunden, es folgten die Reden von Bürgermeister Ekkehard Pallandt, Superintendent Helmut Aßmann und Veranstalter Jo Köhler.

Ekkehard Pallandt (Bürgermeister Stadt Hildesheim) lobte die Initiative des Forums Literaturbüro. „Ein Projekt von Jo Köhler ist in Hildesheim nicht mal eben so eine Sache, es

sind Zeichen: Lesezeichen. Hildesheim wird in den nächsten Monaten ein Poesiepark, ein Ort der Besinnung. Wir können sie auf uns wirken lassen auch vereinnahmen. Darüber nachdenken und ein bisschen im Alltag innehalten. Ich wünsche Jo Köhler, der sich stets durch Ideen ausgezeichnet, mit diesem Projekt viel, viel Erfolg, das es vom Publikum bis zum Januar gut angenommen wird und viel Beachtung findet."

Helmut Aßmann (Superintendent) bedankte sich für Auswahl Andreaskirche als Lesezeichen-Ort. Im Folgenden hob er die Bedeutung und Verbindung der Kirche durch das „Wort" mit den Lesezeichen hervor. „Die katholische und die evangelische Kirche haben ein inniges Verhältnis zum Wort. Unsere beiden

biblischen Testamente beginnen mit ausgesprochen feierlichen Adressen an das schöpferische Wort. Das meint, die Worte sind nicht Wörter, sondern Teil der Sprache und das ist eines der größten Geheimnisse, die uns Menschen anvertraut sind. Unsere Sprache und Worte sind keine Mittel oder Kommunikationsmedien, unsere Sprache ist vor allem ein Geheimnis, das man ein bisschen bestaunen, mit dem man ehrfurchtsvoll umgehen, das man hüten und pflegen muss. Worte sind kostbar, kraftvoll und sie haben Folgen. Es ist nicht war, dass Namen oder Worte Schall und Rauch sind. Es ist nicht wahr, dass es auf die Begriffe nicht ankommt. Und es ist auch nicht wahr, dass am Ende der Lärm darüber entscheiden wird, was gehört wird und was nicht. Es ist vielmehr wahr, dass ein gutes Wort Zeit braucht, gefunden und die richtige Zeit braucht, gesagt zu werden. Und es ist vielmehr wahr, dass ein gutes Wort Mühe braucht, man muss lange suchen bis man es hat. Und die Mühe lohnt sich. Und manches, was erst nach Jahren ausgesprochen wird, wirkt stärker als das, was man so daher redet. Es ist viel mehr wahr, dass ein gutes Wort Liebe braucht. Damit keine Mitteilungen herauskommen. Die Worte, die wir hier in den Lesezeichen finden, sind keine Mitteilungen. Es sind Worte. In verschiedener Qualität, in verschiedener Dichte, in verschiedener Intention. Sie wollen gelesen werden als Geheimnis, das uns allen anvertraut ist, die Sprache, in der wir Menschen wesentliche werden."

Organisator Jo Köhler vom Forum-Literaturbüro fasste zur Eröffnung die Intention der Lesezeichen anhand der entscheidenden Fragen zusammen. „Wie bringen wir die Kunst der Literatur (das Gedicht) zu den Menschen? Wie entdecken und fördern wir das schöpferische Potential in jedem einzelnen? Worin liegt überhaupt die Relevanz der Literatur und Poesie in dieser Zeit? Wofür brauchen wir sie?“ Das Hildesheimer Forum-Literaturbüro lässt mit diesen überdimensionalen Lesezeichen ein bundesweit einzigartiges Kunst- und Literaturprojekt im öffentlichen Raum entstehen und lädt alle Hildesheimer und Besucher zu einem literarischen, zu einem lyrischen Rundgang ein. Durch die Kombination von Ort und Wort (mitten in der Stadt) entsteht ein poetisches Zusammenspiel zwischen der jeweiligen Gedicht-Installation und der Wahrnehmung des Betrachters. Wobei das wichtigste an einem Gedicht (gilt auch für jedes andere literarische Erzeugnis) gar nicht das ist - was der Autor uns damit sagen will, sondern vielmehr das ist, was sich im Kopf und Herzen jedes einzelnen Lesers erst herausbildet. Diese Bilder kreisen dann wie Elektronenschalen um einen festen schöpferischen Kern, den man zwar nicht sieht, aber ahnt. Spüren kann!

Literatur und Musik: Das Eröffnungsprogramm
Nach den Eröffnungsworten hatten Literaten und Musiker die Fäden in der Hand. So sorgten Annette Rösel an der Harfe und Christian Zatloukal an der Gitarre für atmosphärische Klänge. Mit dabei waren auch Gerhard Kreuzer und Maren Drangmeister mit ihrem Programm „Wiedergeburt der Poesie“. Danach folgten die „Blitz-Gedichte“ von Gerhard Pleus“, der in seiner Gedichtbude je nach Themenzuruf ein Gedicht kreierte. Und auch für die Lesezeichen hatte er eine Idee:

Lesezeichen – Blitzgedicht

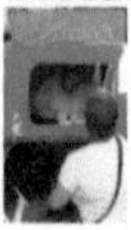

Lesezeichen zu erleben
Finde ich sehr schön
Lesezeichen können geben
Kraft und auch mal richtig Mut.

Ihre schönsten und eindrucksvollsten Gedichte stellten Frauen aus der Lyrik-Werkstatt des Frauengefängnisses Hildesheim unter dem Titel „Sehnsucht hinter Gittern“ vor. Sie waren in Schreibwerkstätten im Jahr 2009 entstanden. Die Leitung hatten Birgit Waldhoff-Blum (Anstaltsbeirätin) und Jutta Johannwerner (Gefängnisseelsorgerin) Von März bis Mai 2009 hatten drei Schreibwerkstätten stattgefunden, die Biografie-Arbeit mit Mitteln der Poesie beinhalteten. Teilnehmerinnen trugen ihre Gedichte vor. Darunter kleine Gedichtformen wie das „Elfchen“, Haikus und Rautengedichte.

Freude
Ohne Freude wäre mein Leben trostlos
Wäre mein Leben dunkel
Die letzten Jahre
Niemals aufgeben.
Hoffnung.

Sonne
Sonne, warm und hell
Scheint vom Himmel durch Wolken
Hinter mir: Schatten.

Sehnsucht
Hinter dem Hügel
Im Land der Sehnsucht
In der Freiheit
Mein Herz voll Sehnsucht.

Im Anschluss konnten kleine und große Zuhörer der Lesung von Kinderbuchautorin Christine Raudies lauschen. Sie las aus ihren Kinderbüchern und es ließen sich sogar einige spielende Kinder vom nahen Brunnen anlocken. Die Hörer begegneten spannenden und lustigen Figuren wie in Geschichten über Hunde. Oder dem finsteren Botho Blutauge, der ein paar pfiffigen Seeräubern auf den Leim geht. Christine Raudies hat in Hildesheim Kulturwissenschaften mit Schwerpunkt Literatur studiert. Seit 2005 veröffentlicht sie Bücher.

Am späteren Nachmittag zogen in einer Lese-Aktion Autren und Vorleser durch die Innenstadt und erzählten in der Fußgängerzone anderen von ihren Lieblingsgedichten und Lieblingsbüchern. Die Hildesheimerinnen und Hildesheimer waren eingeladen, mit ihren Büchern in die Innenstadt zu kommen und den zufälligen Passanten ein Sätzlein daraus vorzulesen oder mit Menschen darüber zu reden, warum dieses oder jenes Gedicht oder Buch so interessant und faszinierend für sie ist. Start war das Huckup-Denkmal am Hohen Weg. Von dort aus schwärmten auch Vorleserinnen und Vorleser der Aktion „LeseLust“ sowie zahlreiche regionale Autorinnen und Autoren aus, um anderen Menschen in der Fußgängerzone zwischen Galeria Kaufhof und Huckup aus ihren Werken vorzulesen oder sich mit ihnen über ihre literarischen Themen zu unterhalten. Es nahmen unter anderem teil:

„Aktion LeseLust“ (Hildesheimer Volkshochschule)
Autorenkreis „Wort für Wort“ (Gronau)
Autoren aus Hildesheim, Bad Salzdetfurth und Offenbach
Sonja Klima, Bad Salzdetfurth
Jana Dierßen, Hildesheim
Charlotte Jugel-Olschewski, Offenbach
Workshop inhaftierter Frauen
Mila Nabel, Hildesheim
Birgit Gatzmaga, Hannover
Gudrun Menke, Barienrode
Silke Ellenbeck, Bückeburg

An der City-Kirche begann die Schreibwerkstatt mit Annette Rösel. Angehende Schreibende konnten sich hier inspirieren lassen. Doch nicht nur am Tag der Eröffnung, die Kurse begleiten die Lesezeichen ein halbes Jahr lang und vermittelten an sechs ausgewählten Lesezeichen die Möglichkeit, eigenen Eindrücken in Texten Form zu geben. So hatte jeder die Möglichkeit, das Schreiben kennen lernen oder vertiefen. So etwa in der der Galeria Kaufhof, im Thega Filmpalast, im Mehrgenerationenhaus, in der Fachhochschule am Hohnsen, in der Dombibliothek und in der St. Andreaskirche in unmittelbarem Umfeld der Gedichtinstallationen zum Dichten und Denken ein.

Die Eröffnung der Lesezeichen endete in der Bücherabteilung der Galeria Kaufhof am Hohen Weg. „Seid ihr noch da?“ fragte die freie Journalistin Nicola Volckmann und las die Satire „Jürgen Drews beim Bild-Festzelthammer“ zusammen mit Tonkuhle Morgenmann Carsten Weyers. Die Geschichte ist Teil

der Textsammlung „Ich danke für dieses Gespräch – Aus dem Interviewtagebuch einer Journalistin“. Dabei kommt Nicola Volckmann Prominenten nahe und schildert auf humorvolle Weise ihre Sicht der Dinge. Grundlagen sind Interviews, darunter mit Roger Willemsen, Herbert Feuerstein oder Ben Becker, die von der Autorin mit Vor- und Nachgeschichte in einen persönlichen Kontext gesetzt werden. Nach der Satire und Musik von Annette Rösel und Christin Zatloukal folgte die Dichterin Gerda Gutberlet-Zerbe aus Giesen. Sie griff ihre Geschichten direkt aus dem Leben und las Highlights aus ihrem Roman „Liebe? Leidenschaft. Doppelleben“.

Am frühen Abend endete der Auftakt des Groß-Projekts, das bis Januar 2010 dauern sollte. 25 Banner gaben Passanten die Möglichkeit zum innehalten, lesen und nachdenken. Das Hildesheimer Forum-Literaturbüro ließ mit dieser überdimensionalen Gedichtinstallation ein außergewöhnliches Kunst- und Literaturprojekt im öffentlichen Raum entstehen und lud Hildesheimer und Besucher zu einem literarischen Rundgang durch die Stadt ein, der ausgiebig genutzt wurde.

Jo Köhler, eine Bemerkung am Schluss: Die wesentlichen Dinge des Lebens - das Wesentliche der Welt und das Wesentliche jenseits der Welt bliebe für uns Menschen unsagbar, gäbe es da nicht die Kunst, die Musik, die Poesie. Gedichte können trösten und besänftigen, aufrütteln und Mut machen. Worte, die einen berühren, bewegen sich immer haarscharf an der Grenze des Schweigens. Ein Gedicht kann einen Tag retten.

Jo Köhler Text zum Gedenktag am 20. Juli 2011
Auf dem Lamberti-Friedhof
www.forum-literatur.de

[Die Sprache der Seele ist keine Akademische]

Der brasilianische Dichter Paulo Coelho nennt die Menschen, welche ihre innere Angst überwinden und den Mut finden sich gegen einen übermächtigen Gegner zu wehren (dieser Gegner kann auch der eigene Schatten sein) Krieger des Lichtes!
Krieger des Lichtes sind keine gepanzerten Phantasiegestalten, keine Drachentöter, sondern ganz normale Menschen, die unter bestimmten Umständen über sich selbst und den Tag hinauswachsen.
Krieger des Lichtes sind Menschen, die ihrem Gewissen folgen und ihren eigenen Weg gehen; und dies auch dann tun, wenn sie damit scheitern können!
Krieger des Lichts sind meistens hin- und hergerissen, oft unsicher und verletzlich und gerade dadurch besonders mutig und tapfer!

Wir sind hier zusammengekommen, um all die Krieger des Lichtes - die namhaften, aber auch die vielen namenlosen - zu ehren, die dem Unrecht widerstanden haben. Der Hildesheimer Georg Schulze-Büttger ist kein namenloser - nein - aber er ist gewiss auch so ein Krieger des Lichts.

+++

Denken an den 20. Juli heißt für mich immer auch Denken an den Holocaust und damit Denken an den wohl finstersten Korridor der Deutschen Geschichte, unserer Geschichte.

+++

Und das Gedicht, das ich Ihnen für den heutigen Tag nun mitgebracht habe, ist kein besonders Intellektuelles... ich hätte auch ein anderes - vielleicht Klügeres nehmen können, aber die Sprache der Seele ist keine Akademische.

Letztgültige Fassung

Jo Köhler Text zum Gedenktag am 20. Juli 2011
Auf dem Lamberti-Friedhof
www.forum-literatur.de

Gedenktag

Es ist schwer - nach den Geschehnissen
derer wir hier gedenken

Noch irgend…etwas zu versuchen
oder unversucht zu lassen

Noch irgend…etwas auszusprechen
oder unausgesprochen zu lassen

Noch irgend…etwas zu fragen
oder zu antworten

Noch irgend…etwas zu suchen
oder zu finden

Noch irgend…etwas zu glauben
oder nicht zu glauben

Noch irgend…etwas zu wissen
oder nicht zu wissen

Noch irgend…etwas zu wagen
oder nicht zu wagen

[Ich will versuchen das Gedenken an den gescheiterten Widerstand mit dem Gedenken an den Holocaust zu verknüpfen; was sich einfach anhört, aber gar nicht so einfach ist, da man traditionell das Gedenken an diese Zeit in lauter kleine Karos bzw. Kästchen eingeteilt und vielfach voneinander abgetrennt hat; und das, obwohl die Wurzel all dieser Übel ein und dieselbe ist.]

Letztgültige Fassung

Hildesheimer gedenken Georg Schulze-Büttger

Am Mittwoch, 20. Juli besuchte Oberbürgermeister Kurt Machens anlässlich des Tages des „Deutschen Widerstandes im Zweiten Weltkrieg", das Grab von Georg Schulze-Büttger auf dem Lamberti-Friedhof.

„Derjenige, der etwas zu tun wagt, muss sich bewusst sein, dass er wohl als Verräter in die deutsche Geschichte eingehen wird. Unterlässt er jedoch die Tat, dann wäre er ein Verräter vor dem eigenen Gewissen." Mit diesem Zitat des Grafen von Stauffenberg wandte sich Oberbürgermeister Kurt Machens an den gleichnamigen Sohn des Widerstandskämpfers Georg Schulze-Büttger. „Dieser Satz macht den Mut deutlich, den die Verschwörer – wie auch Ihr Vater – aufbrachten", erklärte Machens.

Für Jo Köhler, Vorstand Forum-Literaturbüro e.V., ist dieser Tag nicht nur Gedenktag an Georg Schulze-Büttger: "Denken an den 20. Juli heißt für mich immer auch Denken an den Holocaust und damit Denken an den wohl finstersten Korridor der Deutschen Geschichte, unserer Geschichte", so Köhler. Eigens für die Trauerfeier hatte der Hildesheimer Schriftsteller ein Gedicht verfasst, das er am Grab vortrug (s.u.)

Zu der Gedenkveranstaltung hatte die SPD zum 10. Mal eingeladen. „Dieser Tag geht uns alle was an", mahnte Hartmut Häger, Fraktionsvorsitzender der SPD, gegen das Vergessen.

Oberbürgermeister Kurt Machens betonte, dass es der Stadt Hildesheim ein Bedürfnis sei, den mutigen Widerstandkämpfern im Zweiten Weltkrieg zu gedenken und legte als Zeichen dafür einen Strauß am Grab nieder.

Jo Köhler, Gedicht 2012
zum Gedenken an den Deutschen Widerstand am 20. Juli

Sehr geehrter Herr Oberbürgermeister,
vielen Dank für die Einladung, hier ein dichterisches Wort zu sagen.

Liebe Anwesende,
wenn ein Geschehen zu groß für uns ist, ist es schwer, die richtigen Worte zu finden: deshalb habe ich zum heutigen Anlass ein Gedicht mitgebracht, das sich mit der Suche danach beschäftigt und möchte es mit einem Zitat von Friedrich Nietzsche verbinden. Ich hoffe, Sie können es aufnehmen:

Zitat: „Wehe! Es kommt die Zeit, wo der Mensch den Pfeil seiner Sehnsucht nicht mehr über sich selbst hinauswirft, und die Sehne seines Bogens verlernt hätte zu schwirren und zu schwingen. Ich sage euch, man muss Chaos in sich haben, um einen tanzenden Stern gebären zu können. Wehe es kommt die Zeit, wo der Mensch keine Sterne mehr gebären kann. (Zitat Ende)

Die Freiheit in der Freiheit zu verteidigen, ist schon nicht einfach. Die Freiheit in der Diktatur zu verteidigen, ist fast unmöglich und kostet oft einen hohen Preis. Die Männer und Frauen des 20. Juli 1944 haben diesen Preis nicht nur für sich selbst, sondern auch für uns auf sich genommen, damit wir weiter unsere Sterne gebären können.

In dem Wort „verantworten“ steckt das Wort „antworten“: welche Antworten finden wir heute, 68 Jahre danach... nach diesem so verzweifelten und zugleich auch so tröstlichen Geschehen in der deutschen Geschichte.

Worte finden

Worte die
nicht brechen können.

Worte die
groß sind, groß genug.

Worte die
alles ändern.

Worte die
schwer wiegen.

Worte die
etwas gelten.

Worte die
zu gebrauchen sind.

Worte die
helfen können.

Worte die
ausreichen.

Worte die
für sich selber sprechen.

Worte die
alles sagen.

Worte die
wie Orte sind - Orte
des Schweigens.

Danke für Ihre Aufmerksamkeit!

Vita – Jo Köhler

Persönliche Angaben

Beruf	Dichter, Kulturinitiator und Literaturvermittler
Geburtsdatum	06.12.1960 in Hildesheim
Familienstand	Verheiratet
Kinder	1 Sohn, geb. 1979 1 Enkeltochter Noemi, geb. 2011

Künstlerischer Werdegang

„Als Kind bekam ich von meinem Vater oft die Botschaft zu hören, dass ich ein Nichtsnutz wäre und für nichts richtig taugen würde. Dieses scheinbar Unnütze zu kultivieren, wurde mir eine starke Antriebskraft in meinem weiteren Leben. Vor allem faszinierten mich schon immer die Magie der Buchstaben und das Schaffen von dichterischen Lebensräumen.“

Preise und Auszeichnungen

1997	**Preisträger der STIFTUNG LESEN in Mainz**
2002	Preisträger der Nationalbibliothek der Deutschen Sprache
2002	Dorstener Lyrikpreis
2008	Preisträger Bibliothek deutschsprachiger Gedichte München
2012	Nominiert für den Bundeswettbewerb „Land der Ideen“

Buchveröffentlichungen

1996	**„Von Mensch zu Mensch“** im Thaleia-Verlag, Saarbrücken
1997	**„Und doch“** Fouque-Verlag, Frankfurt am Main
2000	**„Eine Frage der Zeit“** IKW-Verlag, Hildesheim
2001	**„In der Nähe die Ferne“** IKW-Verlag, Hildesheim
2015	**„Die gepresste Zeit“** (Roman), Amazon
2018	**„Versuch einer Annäherung“**, BoD Gedichte
2020	**„Geankert: bei weitem, bei nahem“**, BoD Gedichte

Überregionale Medienberichte

05.12.1997	Hannoversche Allgemeine „Lyrik an der Haltestelle“
14.10.2000	SWR-Filmproduktion „In den Wind geschrieben“ von Kai Henkel
19.12.2000	FAZ-Feuilleton „Keiner liest mich“ von Hubert Spiegel
17.04.2001	SWR 2 Eckpunkte „Dichterische Lebensräume“ von Anat-Katharina Kalman
19.12.2008	Deutschlandradio Kultur von Adama Ulrich über das Projekt „Lebenserinnerungen“ in Hildesheim
1999-2006	Weitere Berichte im NDR-Fernsehen und NDR Hörfunk

Weitere Informationen über Person und Werk auch im Internet unter

- KÜRSCHNERS deutschem Literatur-Lexikon, Leipzig www.saur.de/kdl
- WHO IS WHO der Bundesrepublik Deutschland www.whoiswho-verlag.ch
- Forum-Literaturbüro e.V. www.forum-literatur.de